JN137528

人が忘れかけているかも知れない…「心の大切さ」を取り戻す機会にチャレンジ

地域のゆるキャラを活用した…現実活動を通して

篠原　幹男 著

☆政治家だけでも出来ない事
☆行政だけでも出来ない事
☆地域の企業だけでも出来ない事
☆地域の住民だけでも出来ない事

上記の人達が多少でも理解しあう気持ちが有れば、
心の大切さだけは思い出せるかも知れない…

地域のアピール活動を応援する仲間達

ぐんまちゃん

ぽんちゃん

メイちゃん

いたくらん

活動を理解して最初から、ゆるキャラぽんちゃんを設置してくれた企業

群馬日産自動車（株）　館林営業所

丸三証券（株）　館林営業所

足利銀行　館林支店　旧店舗

足利銀行　館林支店　新店舗

館林信用金庫　西支店

館林信用金庫　南支店

行政との活動

1. 行政と市民の一体活動
2. 地域の活性化とアピール活動、地域創生
3. 地域のオリジナルキャラクターを活用した、人と人との交流や郷土愛、団結心の育成を推進する活動

④館林市役所　正面受付

①館林市役所　正面入口付近

⑤館林市　城沼つつじ緑道

②板倉町役場　正面入口付近

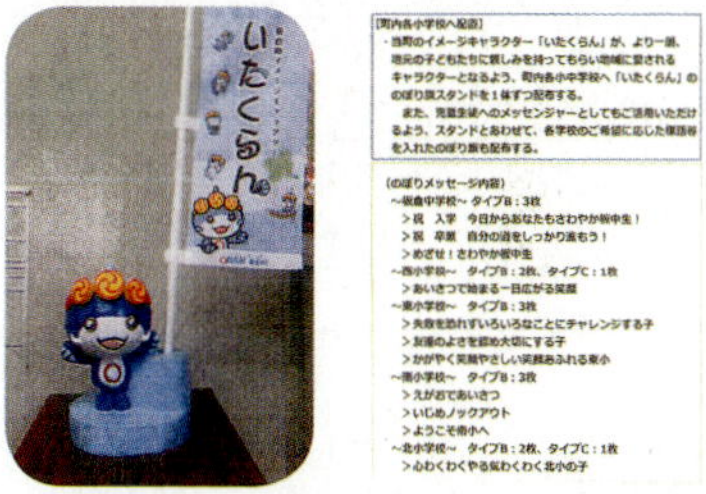

【町内各小学校へ配布】
・当町のイメージキャラクター「いたくらん」が、より一層、地元の子どもたちに親しみを持ってもらい地域に愛されるキャラクターとなるよう、町内各小中学校へ「いたくらん」ののぼり旗スタンドを1体ずつ配布する。
　また、児童生徒へのメッセンジャーとしてもご活用いただけるよう、スタンドとあわせて、各学校のご希望に応じた標語等を入れたのぼり旗も配布する。

（のぼりメッセージ内容）
～板倉中学校～ タイプB：3枚
＞祝　入学　今日からあなたもさわやか板中生！
＞祝　卒業　自分の道をしっかり進もう！
＞めざせ！さわやか板中生
～西小学校～　タイプB：2枚、タイプC：1枚
＞あいさつで始まる一日広がる笑顔
～東小学校～　タイプB：3枚
＞失敗を恐れずいろいろなことにチャレンジする子
＞友達のよさを認め大切にする子
＞かがやく笑顔やさしい笑顔あふれる東小
～南小学校～　タイプB：3枚
＞えがおであいさつ
＞いじめノックアウト
＞ようこそ南小へ
～北小学校～　タイプB：2枚、タイプC：1枚
＞心わくわくやる気わくわく北小の子

⑥板倉町のぼり旗と子供達キャッチフレーズ

③明和町役場前　大型メイちゃん

⑦明和町役場　正面入口付近

幼稚園・保育園・公園等の寄付活動（館林市）

1．人と人との交流
2．市民の郷土愛の育成
3．子供たちの夢、地域愛の育成

※オリジナルキャラクター商品の設置
館林市保育園（9ヵ所）
館林市幼稚園（5ヵ所）
館林市松原公園

応援企業

沢山の事業所様より、この活動にご賛同いただき、オリジナルキャラクターの展示にご協力いただだいています。この活動の輪は、大きく広がりつつあります。

館林信用金庫　板倉支店

館林信用金庫　明和支店

館林信用金庫　本店

（株）山幸　板倉営業所

東毛人材交流事業協同組合

群馬銀行

（株）遊々空間　館林市内

☆アイデアを活用した設置方法☆

◇いじめ防止活動に取り組む設置方法◇
（学校関係）

◇あいさつ運動を奨励した設置方法◇
（学校関係）

◇あいさつ運動を奨励した設置方法◇
（幼稚園）

◇微笑みと軽やかな足取りを感じさせてくれる設置方法（案）◇（散歩道）

◇患者さんの辛い気持ちを和らげたいと願う設置方法◇（病院関係）

◇読書を奨励した設置方法◇
（図書館）

◇心の大切さと、地域の活性化を考慮した設置方法◇（個人宅）

☆アイデアを活用した設置方法☆

◇地域アピールと自社
アピールを兼ねた設置方法◇

◇地域アピールと自店
アピールを兼ねた設置方法◇

◇地域アピールと自社
アピールを兼ねた設置方法◇

◇地域アピールと自社
アピールを兼ねた設置方法◇

◇パネル両面を花壇にして…
地域と共に生きるを考慮…
人々に安らぎを与える設置方法◇

◇地域アピールと自社アピール…
人々に笑顔を与える設置方法◇

◇地域アピールと地域の物産品
アピールを兼ねた設置方法◇

◇家族愛、地域愛の育成を考慮した設置方法◇
1・2　壁掛けゆるキャラ
3・4　机上ゆるキャラ
5・6　マグネットゆるキャラ
（個人家庭）

自然・花・ゆるキャラ

目次

第六章

第七章

ありがとポン

HEART
FULL

はじめに…

この本の出版の目的は、本を販売する事ではなく…読んでくれた人達や…政治家、行政、などの国を動かしている中心の人達に現状の世の中を冷静に理解していただき…自分自身の「初心」を思い出して…現状の自分自身との比較をしていただけるだけで十分だと考えての出版です。

川の流れは、一石を投じても変わらないと思いますが…一石を投じることで、小さくても波紋は起きると思います…微力な私達はすぐに消えてしまうかもしれないこの小さな波紋だけでも十分だと思っていますが…できれば少しでもよい波紋を起こせたらと思っています。

本を書いている私自身も自己中心的で身勝手な生き方をしてきた人間だと思っています。

仕事の事も社員や家族の事も常に自分の二の次に考え対応してきたと思っています。ここ五～六年前になって、会社を子供達に引き継いでもらう、と考えてから自分の事より会社の事、社員の事、子供達の事を最優先に考えて対応するようになりました…子供達によい会社で引き継がせたいという親心だったのかもしれません。

少なくても十年前から現在の気持ちで会社の経営や人間関係に取り組んでいたら格式や信頼等も含めてもう少しよい会社や人間関係を創れたのかもしれないと思っています。でも、ただの身勝手な悪（ワル）だけでない部分も多少あったかもしれません。

世の中が悪化していくのは、自分を含めて先に生まれた人の責任だと思っていました。教員時代（三年間）に教師でありながら、子供達の事で悩みたくなくなりマンネリ化していく先輩教師達を見て、数年後には自分も先輩教師達の様に少しの聖職意識もなくなりマンネリ化していくのだろうと思いました。

教師にも生活があるのだから、給与をもらう事は当然だと思いながらも給与という報酬を受けないで、無償で子供達に接する活動が出来たらと考えて教員活動から退職してしまいました。男女等の恋愛と異なり教育の愛は、一切の見返りや、恩に着せない愛情が基本だと思います。

当時の子供達の父兄が「退職されることは埼玉県の損失だ」と浦和の教育委員会に抗議の活動があった事も、後日知りました。

教師という職業は、生きている人と人とが接し学びあう素晴らしい職業でもありました。そのひとつの例に特殊学級入りを決められていた子供を小さなひとつの試みでクラスのリーダーに育てた事もありました。誰も気づかなかったらと考えるとその子の将来はどうなってしまったのか…この事は子供達とふれあえる教師という職業だったからできた事だと思います。

教員時代のエピソードは色々ありましたが、そのことを記載していたら、この本が書けなくなる程だと思います。ひとつだけ書くとしたら、何十年もの実績のある教師でも、新任教師でも、心の持ち方や接し方ひとつで子供達の信頼度は、実績だけに左右されなくなる事もあると思います。

教員を退職して、たった一人でコンクリート製造業として独立しました。

六年後には、地元の子供達とスポーツ少年団活動を始めました。教員時代からの自分の理想と思っていた子供達と無償でふれ合う活動に取り組みました。

無償の活動で偽善者的行為にならないように、本業にも一生懸命に取り組みました。

子供達とのふれあい活動といっても、子供達から学ぶ事の方が多くあり、自分自身のプラスになる部分の方が多かったと思います。

教員時代と同様にこの活動だけでも、二〜三冊の本になってしまうくらいの体験談や思い出話になってしまうのでこれ以上は書きません。(その頃の活動記録として百二十ページくらいの子供、父兄とのふれあい文集も三冊程作成しました。団創設から五年間。第七章参照)

一九九九年十一月一日に事情があって文芸社から、ある日突然おとずれた二十一歳青春の終わり『直実』という本を出版した事がありました。(第七章参照)

今回の本を発行するにあたりこの『直実』を再読してみました。

再読して驚いた事がありました。その一九九九年に書いた本の中に「私利私欲のない無償の活動こそが…今、人が忘れかけているかもしれない…心を取り戻せる活動」と記載されている部分があり自分自身も驚きました。

現在、国のトップクラスの政治家達やトップクラスの行政の人達はM学園問題等で大騒動をしています。（二〇一八年三月二十七日現在）

本当に政治家達が国や国民が最優先だと語り考えているのなら党同士の争いなど、もっと少なくなってもよいのではないかと思います。

そういう観点から冒頭に「この本は販売目的」では、ないと記載させていただきました。今の世の中では、知名度の高い人や、肩書のある人の本ならそれだけで注目を集める事もあるかもしれません…残念ながら私は知名度も肩書もゼロに等しいのです…だから口先や理屈に頼らない現実活動を通して書きたいのです。今の世の中では、現実活動すら理解されないかもしれないと思いながら執筆に取り組んでいます。

素人同然の私が制作した本ですので内容、構成も含めて、つたない本だと思いますが読んでいただいた皆様から率直なお叱りや御意見、御指導をいただけましたら幸いです。

第一章

◇現状の世の中について

1　人の心を含めて悪化している状況で、更に悪化は深まるのではないかと思います。

2　訳のわからない事件等も平然と起こる時代です。

①理由も動機もなく、誰でもいいから人を殺したいと思い、人混みに車で突っ込むなどの予想もできない事件などが多くなってきていると思います。

②自分の産んだ子供を平然と殺したり、危害を加える事件なども多くなっていると思います。

③介護に疲れ果て、夫婦や親子同士でも危害を加える事件なども多くなってきていると思います。

④お年寄りを狙った振り込め詐欺なども多発しています。

⑤この様に例を挙げるのが嫌になるほど、限りなく、悪化する出来事も多くなってきていると思います。

こういう現状を最優先に考えなければならない行政側や政治家達、マスコミでさえ、自分中心に考えていて自分の役割と責任のある行動をしない時代になってきている人が増えてきているのではないかと思います。

◇現状の政治家について

①全てとは言いませんが…ほとんどの政治家が政治家を目指した時の初心を忘れ、私利

私欲中心の考え方になってしまっているのではないかと思います。

②国民（住民）の事より自分の事、党の事ばかり優先的に考える時代になってしまっていると思います。

③どうして政治家になったのかを忘れ、権力を優先している政治家が多くなってきている時代だと思います。

④原因は私達、有権者にも問題があると思います。

選挙の時には、立候補者の事もよくわからないのに、手を握り、更には抱きつき立候補者をおだてる様な行為など大きな問題であると思えてなりません。

⑤投票率が一定の基準に達しなければ何度でも、選挙をやり直すような考え方も必要だと思います。（有権者と立候補者の信頼関係構築のためにも）

◇現状の行政について

①政治家の影響で住民のための職員という意識が不足していると思えてなりません。

②百人のうち九十人いい加減な人がいる職場では、一生懸命に働く人は九十人の人から非難を受けるので、まともな十人の人でさえいい加減になっていきます。つまり、「朱に交われば赤くなる」の例え通りだと思います。こういう職場では、実務で苦労するよりも人間関係の苦労の方が優先的になってしまうと思います。

③国から地方への統率が取れない時代…現状の国のトップレベルの政治家達を見てもその事は理解できると思います。つまり、地方行政でさえ、いい加減になるのは当然の事だと思います。

④地方創生と言葉はきれいですが実際は寄付を集めて自分達の目立つ形づくりと思われても仕方ない部分も多いのかもしれません…?

◇現状の企業について

ほんの一部かどうかは、よくわかりませんが大手企業でさえ金儲け優先の時代になりつつあるのかもしれません。

問題があるので例は出せませんが…現状のニュース等から理解できると思います。

◇マスコミについて

確かにマスコミという商売上は…視聴率優先なのは理解できますが、今後の国の将来の事も考えた報道を優先的に考慮し、企画運営をして欲しいと思います。

◇この本を出版するにあたり

政治家、行政、各企業、マスコミ等の事に対して本音では書けない事も理解して欲しいと思います。(自己中心の販売目的だけの本ならあまり問題ないかもしれませんが)

この本は、本音で書いたら出版はできなくなってしまうと思うからです…
つまり、私達のような微力者は強大な権力や力を持った人達には、常に勝てない時代になっていると思います…

第二章

1 「人が忘れかけているかも知れない…心の大切さ」の必要性について

第一章で書いた事柄に対して、微力な私達は、現実活動で示すしかないと思いました。つまり、第一章で書いた様な事実が現実であると思います。だから、販売目的ではなくこの本を書いているのです。私達は、活動を通して人と人とのふれ合い、心と心のふれ合いの中から現在「人が忘れかけているかも知れない…心の大切さ」を少しでも思い出し、取り戻せる機会がつくれたらと、考えての活動です。

私達の考えている地方創生は、心の部分を優先的に取り組んでいます。心の部分は形にも現れない、目にも見えない部分が多いと思いますが…現状の世の中の実情等を考慮したら心の創生も大切だと考えて活動をしています。

現在、私達の取り組んでいる活動について説明させていただきます。

①私達の活動は口先だけや机上の理論だけでなく、現実に活動として既に取り組んでいます…活動内容も誰かのやっている事を、模倣などしてはいないと思っています。私達の本業の活用と自分達の力量等を理解して考えた独自の活動だと思っています。

②私達は、現在の社会や、今後の社会に大きな不安を感じて、私達の様な微力な者でも出来る活動はないかと真剣に考え、検討してこの活動を始めました。(第一章の部分の参照と考慮)

③地域のゆるキャラクターを活用して、その地域にしか出来ない活動。色々なキャラクターは有るがその地域によるキャラクターはその地域独自のものだからです。

④その地域独自のキャラクターを活用して、地域の活性化と地域のアピール活動に取り組む事を基本にして既に活動を始めています。

⑤地域の活性化と地域のアピール活動といっても微力な私達には、大き過ぎるテーマだ

と思い、先ずは自分達にも出来る事からと考え、自己の活性化と組織の活性化を優先的に考え、取り組む事にしました。

⑥自己の活性化とは、色々な事を批判的に考える前に、先ず自分自身の向上や成長などの色々な意味での自己の活性化を優先的に考え、取り組みたいと思いました。

⑦組織の活性化とは、会社でいえば、会社と従業員との信頼関係の構築や上司と部下との信頼関係の構築にも組織の活性化は大切な役割だと考えています。

教育界でいえば、先生と子供達の信頼関係の構築にも組織の活性化は大切な事だと思います。

行政でいえば、行政と住民の一体化や行政と住民の信頼関係構築にも組織の活性化の役割はとても大切な事だと思います。

⑧そんな活動を通して、人と人とのふれ合い、心と心のふれ合いの中から現在「人が忘れかけているかもしれない…心の大切さ」を少しでも取り戻せる機会がつくれたらと、

考えての活動です。

⑨そして、そんな活動に絶対に必要な事は「私利私欲のない気持ちでの活動が原点でなければならないと思っています」。

⑩現在の様に悪化する一方（人の心も含めて）の世の中では、私利私欲のない活動といっても、理解されるよりも「何か裏があるのではないか？」と誤解される部分の方が多いと思います。九九・九％以上理解される事は難しいだろうという事も分かった上での活動です。

⑪現在までの当社からの無料プレゼントの実数は行政、会社、個人を含めたら二百件前後です。個人、会社関係でも百件を超えています。

その個人、会社関係から心のこもったと思われる感謝礼状を私達の元に送付して下さった方は十件ありました。（二〇一八年二月現在）

行政側からの感謝礼状も五件ありました。

一般的に考慮して今のような時代に個人からの感謝礼文送付などありえないと思っていました…

だから、私利私欲のない活動など九九・九％理解されないだろうと思いながらの活動でした。

この事から、親切には親切でこたえる…心には心でこたえるという基本的な人間性を多少でも理解できるのではないかと思います。

⑫現在、九九・九％から九〇％、つまり一〇％くらいは理解され始めてきているのかもしれないと思えたら嬉しいのですが…

この部分は当事者の私達には、詳細に説明できないので当社のホームページと、この本文を参考にしてそれぞれの立場で判断して、第三者の客観的な立場で正直な気持ちを聞かせていただければ幸いです。

⑬その地域にしか出来ない小さな活動が人々の笑顔につながり、笑顔のある地域の活性化（自己の活性化、組織の活性化）地域のアピール活動、郷土愛の育成等に少しでも

役立っていただける活動になれば幸いと考えて取り組んでいます。

是非、心のこもった応援、アドバイス等をいただけたら活動の励みと勇気になると思いますので宜しくお願い致します。

2 活動を始めるきっかけについて

現状の世の中と将来の世の中にも大きな不安を感じ…微力な自分達にできる活動はないかと考えた事。

私達のコンクリート製造販売業は、世間一般的にみても、地味な職業だと思います…コンクリート製品のほとんどは地面に埋めて使用するものが多く、ほとんど目立つ仕事ではないと思います。コンクリートの大きな特徴は「重い、丈夫、安い」（原材料の関係）などだと思います。

私達が常日頃、考えている事は、
・重いという事を活かせる製品

・丈夫という事を活かせる製品
・安いという事を活かせる製品
などを考えて、取り組んでいますが多くの人々はコンクリートというと冷酷なイメージが強くあると思います。個人的にみれば重いという事は最大の欠点でもあると思います。更にはコンクリートから人へというキャッチフレーズまでつけられる事もありました。
・自然や故郷を思い出せるコンクリート
・自然や環境を大切に守れるコンクリート
・脇役でも人や地球の役に立てるコンクリート
などを中心に考え取り組んで参りましたが…コンクリートの長所と短所である「重い、丈夫、安価」という長所の部分でさえ、東北大震災の大惨事の際の復旧工事のコンクリートの防波堤の設計時にも冷酷感を感じると嫌われる事もあったと思います。一例ですが、私達の開発したゆるキャラ製品には、コンクリート製品とゴム製品と現在二種類ありますが…ゴム製品の場合、コンクリート製品に比べて材料費がなんと百倍かかってしまうのです…この事からも、コンクリートの特徴部分を多少でも理解していただければと思います。

追記…

この本には私達の取り扱う製品の件に関しては記載しない（ＰＲ活動と思われたくない）というのが私の考えでした。

しかし、この本の資料を出版社に渡した後に大規模な西日本豪雨被害が発生してしまいました。先ずは被害にあわれた皆様に心より御見舞い申し上げます。

私達の製造しているポーラスコンクリート製品は今回の様な豪雨被害を防ぐ製品なのです。

①現在使用されている普通コンクリートは地上に降った雨水をＵ字溝製品などを通して河川に流れこませるのが主な役割です。地上に降った雨水を河川に流すために今回の様な豪雨では河川の氾濫の要因になってしまうかも知れないのです。

②ポーラスコンクリート製品は①と同様の形状であるＵ字溝などの製品でも雨水を地下に大部分戻すという製品で河川に流れこませる製品ではないのが大きな特長です。製品の内外に水や空気を常に出入りさせるのがポーラスコンクリートの特徴です。

③つまり、今回の様な豪雨の被害を多少でも減少させられる事のできる製品だったか

もしれません。

④私個人としてはコンクリート製品の中では、最も革新的用途の製品だと思っていますが、世間的には知名度もなく、あまり普及されていない製品なのかも知れません。

⑤この追記は西日本豪雨被害に対する私の辛い、切ない気持ちを深く、強く感じてしまい…記載してしまった事を御詫びさせていただきたいと思います。

3　遊び心と業種との活用

偶然にも日本でもトップクラスのコンクリート型枠職人、江森孝氏と出会い、自分の片腕として一緒に活動しました。（5　江森の項参照）

二人とも、子供の様な遊び心を持っている性格でした。当時、本当に遊び心から、二人の地元館林市のゆるキャラぽんちゃんの製品化を試みて、何カ月も経って、なんとかゆるキャラぽんちゃんを誕生させました。

私は、そのぽんちゃんを見て地域の活性化とアピール活動に活用できるのではないかと考え、現在の活動に取り組み始めました。同時にコンクリートの特徴も活かせるのではないかと考えました。

この時点から、政治家や行政には難しいだろうと思う私利私欲のない活動をしたいと考えました…この業種にいるからできる活動ではないかと考えました。（安価という部分等）

親が子供達に自主性を望むように地域に住む私達にも自主性は必要だと考えました…つまり、親の部分が国や行政に例えられるのではないかと思います。更にいえば自分を含め、親が全て正しいとは言えない部分もあるのではないでしょうか…？

HEART WARMING

4　小さな地域の小さな活動の意義

現在の国を動かしている政治家や行政は、自分達の事を中心で地域の事までは考える余裕などないのではないかと私には思えます。つまり、現在の政治家や行政だけでは国をよりよい方向に変えるのは難しいと考えています。それどころか現状を維持する事でさえ難しいと思います。

私達の考えている「人が忘れかけているかも知れない…心の大切さ」を取り戻す活動など目にも見えない、形にも残らない活動であることも理解はしていますが…現状の人の心まで悪化していく世の中で、それを少しでも止める具体的な方法など誰にもないのではないかと思えます。

私達の活動は地元地域行政との一体活動が大切なのです。つまり、地域と住民、地域企業、行政の一体感が必要な活動だと思います。

私達は、地域のゆるキャラを活用した活動ですが、たとえその形は変わっても地域の住民、企業、行政が一体化して地域づくりを考え、実行する事が現状の世の中には、必要な事だと考えています。

国の政治力では難しい事が一つの小さな地域から別の小さな地域に広がる可能性はゼロではないかもしれません。つまり、国の指示に従っている現状から自分達の住んでいる地域づくりを自主的に考える必要性も現状では大切なのかもしれません。子供達のためにも…

国にはどうする事もできないと思われる事が小さな地域の小さな活動からよい意味でなにか変化する可能性もゼロではないかもしれません。たとえゼロに終わったとしても微力な私達には、今の活動しかできないと思います。

そしてその活動は私利私欲のない気持ちが原点でなければならないと思います…この私利私欲のない活動の気持ちを政治家、行政側にも多少でも理解してもらわないと地域住民、企業、行政の一体感は生まれないと思うからです。常に偉そうに、頭の上から決めつけてしまっているだけでは、難しいと思えてなりません。

5　型枠（ゆるキャラ）職人、江森孝の考え方

型枠責任者　江森　孝

ゆるキャラを活用した「人が忘れかけているかも知れない…心の大切さ」を取り戻す活動」を語る前に、私と会長（当時は社長、現在は会長）との出会いについて話したいと思います。

初めての出会いは平成十四年頃だったと思います。私は当時、透水製品では日本トップのOコンクリートに勤務していましたが、O社社長の経営能力不足で倒産してしまい失業者でした。O社では、特殊コンクリート製品の型枠設計、製造のトップ技術者と自負していました。当時は高度経済成長時代でもあり、私の技術は高く評価されて数社からの引き合いもありました。

当時、義理のある知人から篠原社長を紹介され面接に行きました。篠原社長の経営する会社は従業員数も少ない小さな会社で、少し不安な気持ちもありましたが、篠原社長に会ってそんな考えは吹き飛んでしまいました。

一言、一言に、男が男に惚れるというか、今までに接したことのなかった人間的魅力

を感じ、その場で「一緒に働かせてください」と私からお願いしていました。

篠原社長は、私より四歳年上で当時も今も兄貴の様な存在でした。私の性格や私の長所、短所を適切に把握して、よい所を更に伸ばしてくれる人でした。小規模の会社で資金繰りも大変なのに、私に型枠製造工場等を何千万円もかけて設立してくれました。私も当時は、特殊技術の職人だったので、結構うぬぼれ部分も多かったと思います。その時、篠原社長は「エモさんの技術は、確かに凄いけど鉄板型枠中心の技術だけだと思う、コンクリート業界も今のままでは難しい時代になると思う。折角、エモさんと出会えて一緒に仕事ができるのだから、角々したコンクリート製品だけでなく、曲線的なコンクリート製品も考えてみないか？」とアドバイスされました。

そこで取り組んだのが、鉄板型枠プラスゴムを使った型枠技術です。冷たさを感じる直線的なコンクリート製品から温かみを感じる曲線的な丸みのあるコンクリートや少し優雅なヨーロピアン風のコンクリート型枠の技術を学びました。そして、その技術が現在のゆるキャラ製品を製造できる技術に発展できたのだと思います。おそらく、この技術は日本中でも現在は、当社だけの技術力だと思います。つまりは、その技術の開発中にヨーロピアン調の丸みのある製品だけでなく館林市のゆるキャラぽんちゃんをつくれないか？と篠原会長から提案されて篠原会長と私の「遊び心」からゆるキャラぽんちゃんの製造に挑戦しました。その過程は、遊び心だけではできない困難な事もたくさんありました。

二人は、遊び心を優先して製造に対応していましたが、篠原会長は、このゆるキャラが地域の活性化、地域のアピール活動に役立つと考え、更には、このゆるキャラを活用して「人が忘れかけているかも知れない…心の大切さ」を取り戻す活動、地域のゆるキャラはその地域にしかないものなので、その地域にしかできない小さな活動が人の心を優先した地方創生の推進に役に立って欲しいと考え取り組んでいます。

私にとっては、従来のコンクリート型枠職人のつくったコンクリート製品はほとんど地面の中に埋まって活用されてしまうのであまり喜びも感じる機会がなかったのですが、篠原会長、会社の仲間達の理解と協力のおかげで私のつくったゆるキャラが地面の中でなく、人目につく場所にも展示される機会が多くなり妻に「これが俺のつくった製品だ」と自慢できるようになり、とても嬉しく感じます。妻や子供達、孫達、友人まで私を見る目が以前より少し輝いて見てくれている様な気がします…少しうぬぼれ感も持ち始めましたが…こんな時、篠原会長は「初心を忘れず、自浄能力、更なるレベルアップ」を指摘すると思います…つまり、篠原会長がいてこその自分だと常に心に思い取り組んでいきます。

文章を書いた事など無いに等しいので、まとまらない文章になり御詫びします…

皆さんに喜ばれ、愛されるゆるキャラをつくれるように頑張りますので下手な文章は許して下さい。

※複雑なコンクリート形状を製作可能にした型枠技術（曲線）

※上記の製品全てが江森の製作によるものです。

第三章

1　活動を理解し、最初からゆるキャラぽんちゃんを設置してくれた地域企業

・足利銀行　館林支店新店舗

・丸三証券　館林支店

・館林信用金庫 南支店

・館林信用金庫 西支店

・群馬日産 館林店

（この活動を応援してくれるブログからの抜粋です）

群馬日産　館林店　ブログ

16/07/07 10:00

おなじみのあの子。

ぽんちゃん　のアイテムが　館林店にもやってきました！
ぽんちゃんのプレートつきプランター！

お客様にいただきました！
こんなステキなプレートなどを作っているそうです！
“ GUNMA　NISSAN ” のロゴも入れてくれました！
ありがとうございます！！
大事に飾らせていただきます。

当社製、ゴム製のぼり旗立（リーフ）

16/11/03 11:00

これって発明！？

今回の　リーフ　ものぼりが立てられるのですが、
なんだかもったいなくて、、、
フロントに飾らせていただいております！

ゆくゆくはぽんちゃんのお隣に並べて
みなさんをお出迎えできたらな～と考えております！

16/12/15 11:30

シリーズ！？

キッズコーナーに新しい遊具が仲間入りしました！
ポンちゃんシリーズ！
お子様が座って楽しめるようになっております♪
どのように楽しめるのかは、、、ぜひ体感してみてください。
大人も座れます！笑

＊環境ポラコン様、いつもありがとうございます。

地域の活性化とアピール活動のために地域のゆるキャラを設置してくれないか。とシノコングループ会長と環境ポラコン社長の宜志さんから相談されたのは 2016 年 5 月の事でした。

この件を本社に問い合わせたところ「田中君！無償で提供するなんて信じられない、絶対に何か裏があるから設置するのはやめてほしい」と言われました。

私はシノコングループの会長、宜志社長の事はよく理解していたので再度、本社サイドに交渉して設置の了解を取りました。

設置後、数通のお褒めの投稿文も届いています。
館林市役所からも「地元のアピール活動を支援していただいてありがとうございます」という御礼の訪問も受けました。

私は自店をアピールしながら地元館林市に貢献できる事は企業として大切な役割だと感じています。

先ずは、設置を勧めてくれたシノコングループ会長と督人、宜志社長に心から感謝しています。

この事を理解して設置の了解をしてくれた本社サイドにも感謝をしています。

そして、なんでも疑って対応するばかりでは、人の心も更に悪化してしまうのではないかと、自分でも反省しながら、色々な面で対応できるように頑張れと、ゆるキャラを通して教えられた気持ち（初心）になりました。

群馬日産自動車株式会社　館林店　営業　田中裕也

平成 30 年 6 月 25 日

活動に共感の声

1.地域の活性化を地域へのアピール活動を通して、意識の確認を行う。

2.現状が悪化してゆく世の中では、人が忘れかけている心の大切さを取り戻す活動が必要です。

上毛新聞「みんなのひろば」平成29年2月7日掲載

ぽんちゃんと「心の活性化」

茂木 武雄（安中市・86）

知人から館林市の城沼周辺で冬桜が咲いていると聞いて、息子夫婦、孫たちと館林市に行って来ました。秋から初冬の城沼周辺を散策して、冬桜の風情に触れてきました。「道の駅ぽんぽこ」にも立ち寄り、たっぷり館林市を味わいました。

館林市の観光マスコットキャラクター「ぽんちゃん」をいろいろな企業が展示し、地域の応援をしていることに驚きました。訳の分からない出来事や事件が多発している時代、自社のことより住んでいる地域のことを考え、応援している人たちがいるのです。

そこで、心にときめきを感じる言葉に出合いました。ある企業のぽんちゃんの絵柄の中にあった「心の活性化」というフレーズです。それぞれの人や状況によって感じ方や思いは異なるかもしれません。年を取って弱りゆく自分に「まだまだ頑張れ」とつぶやきながら、応援してくれる人の姿が浮かびました。

こんな言葉を多くの人がかみしめて、自らの向上に生かすことができたなら、殺伐とした世の中が変わるかもしれないと感じました。勇気と感動を与えてくれたぽんちゃんと館林市に感謝の気持ちでいっぱいです。

多くの方々が、この活動に共感していただきました。

2016年 9月 23日

青木 一夫 議員様

私は貴方の学区内の小学生の子供を持つ父兄です。

子供達の登校時は毎日、御苦労様です。

先日、シャトルの記事を読みました。

感激しました。

今回の記事のぽんちゃんの様な気持ちで全ての人達が考えていてくれたら素晴らしい社会になると思います。

青木さんのぽんちゃん応援団長は最高です。

最近、登校時に青木さんの足元にいる「ぽんちゃん」がとっても可愛らしくて子供達も大喜びです。

私もぽんちゃんの応援団に是非、参加させて欲しいと思っています。

「フレー、フレー、青木議員！！」「フレー、フレー、青木議員！！」

館林信用金庫
南支店に届いた
ハガキです

館林信用金庫
板倉支店に届いた
ハガキです

各企業・役所関係にも多くの投稿文が届いているようです。
※役所関係の投稿文は守秘義務の関係で掲載することが叶いませんでした。

第四章

1　館林市への寄付

市役所

保育園

幼稚園

図書館

行政と市民の一体化と信頼関係の構築（館林市）

◇館林市長より感謝状の贈呈◇

感謝状

環境ポラコン株式会社
代表取締役 篠原宜志様

貴社は本市キャラクターぽんちゃんの普及活動に深いご理解を示され「旗立てぽんちゃん」「旗立てぐんまちゃん」を寄贈されました
これは人々の心の交流の基礎となり郷土愛の醸成に大きく貢献するものであり ここに深く感謝の意を表します

平成二十九年九月二十二日

館林市長 須藤和臣

◇前館林市長より感謝状の贈呈◇

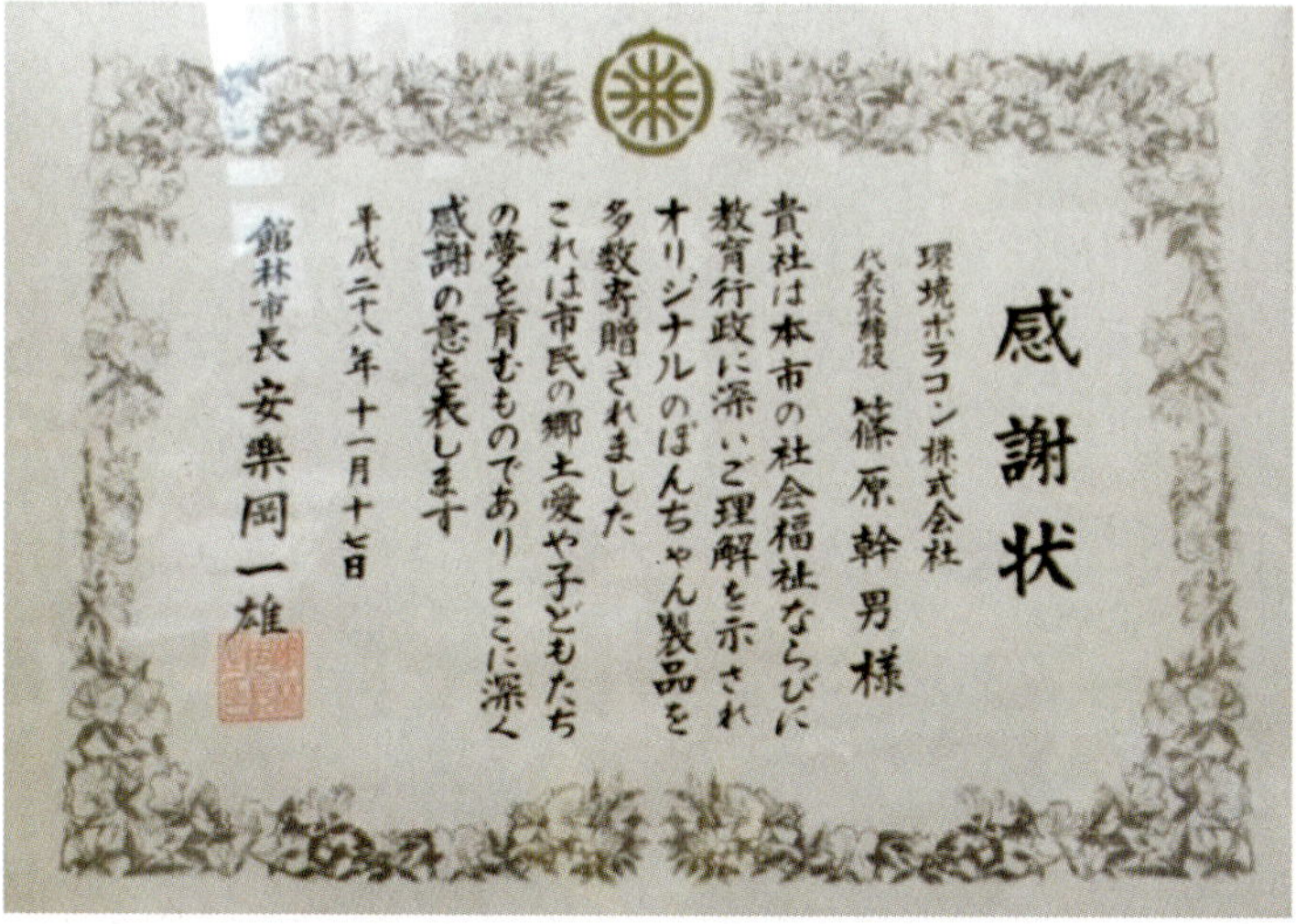

感謝状

環境ポラコン株式会社
代表取締役 篠原幹男様

貴社は本市の社会福祉ならびに教育行政に深いご理解を示されオリジナルのぽんちゃん製品を多数寄贈されました
これは市民の郷土愛や子どもたちの夢を育むものでありここに深く感謝の意を表します

平成二十八年十一月十七日

館林市長 安楽岡一雄

◇館林市教育長より御礼状◇

環境ポラコン株式会社　様

このたびは、館林市立図書館にぽんちゃんのプランター二個並びにぽんちゃん鉛筆立てをご寄贈くださいまして、ありがとうございました。

貴社は日頃より教育行政に深いご理解を示され、とりわけ、子どもたちの健全育成にお心を寄せていただいておりますことに感謝申しあげます。

図書館には、多くの子どもたちが来館します。入口にぽんちゃんのプランターがあることで、子どもたちが図書館に親しみを持ち、笑顔で利用してくれるものと思います。また、鉛筆立てにつきましては、子ども室近くのカウンターに置いて、子どもたちにより身近に親しんでもらえるようにいたします。

そして、プランターは、子どもたちのみならず、来館するすべての方の心を和ませてくれるものと期待しております。四季折々の花を育て、明るい図書館づくりに心がけ、ぽんちゃんのように住民の皆様に親しまれる図書館を目指して、職員一同さらに努めてまいります。

今後とも、かわらぬご理解とご協力をお願い申しあげまして、簡単ではありますが、お礼のごあいさつといたします。

平成三十年三月吉日

館林市教育委員会　教育長　吉間常明

2　明和町への寄付

メイちゃん家（川俣駅前）

・明和町のアピール
・地域の物産品のアピール
・通りすがりの子供もこの表情でした♡

・地域の活性化のアピール活動
・地域愛の育成と人と人との交流活動

行政と町民の一体化と信頼関係の構築（明和町）

◇明和町長より感謝状と御礼状の贈呈◇

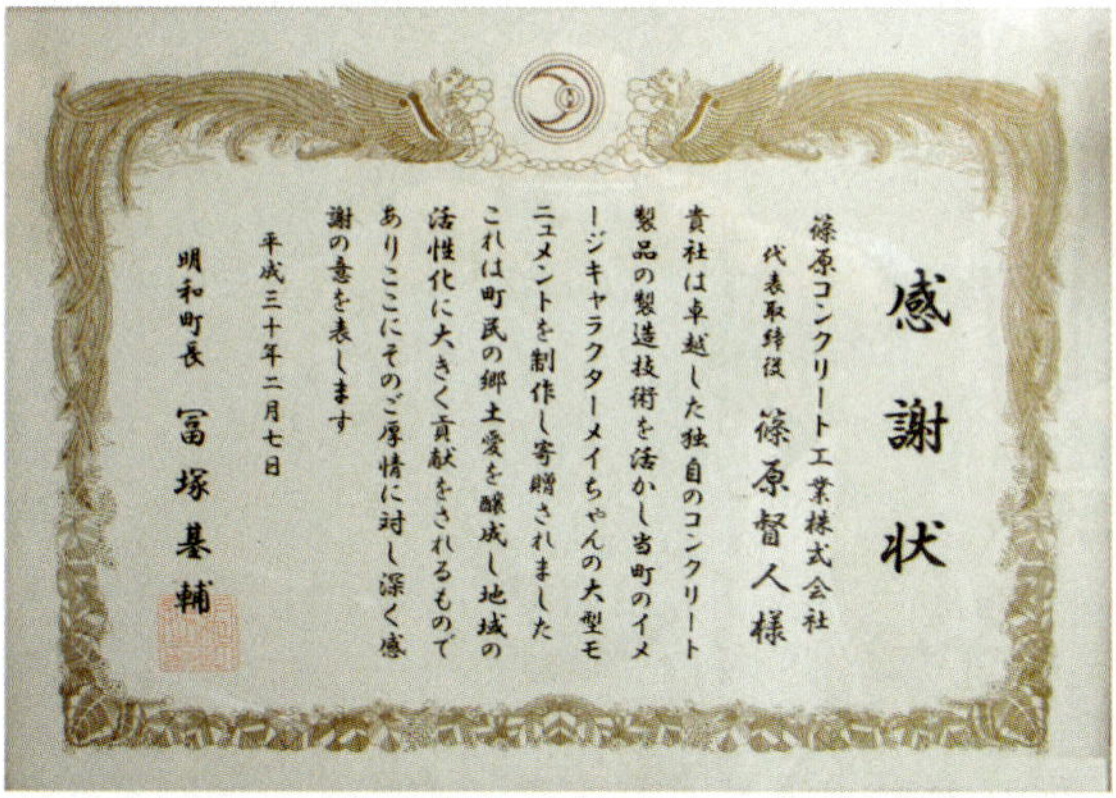
感謝状

篠原コンクリート工業株式会社
代表取締役　篠原督人様

貴社は卓越した独自のコンクリート製品の製造技術を活かし当町のイメージキャラクターメイちゃんの大型モニュメントを制作し寄贈されました
これは町民の郷土愛を醸成し地域の活性化に大きく貢献をされるものでありここにそのご厚情に対し深く感謝の意を表します

平成三十年二月七日

明和町長　冨塚基輔

拝啓　新春の候　益々ご清祥のこととお慶び申し上げます
また平素より本町の諸事業に関しまして　並々ならぬご厚情を賜り　心より御礼申し上げます
このたび　弊町のイメージキャラクターである「メイちゃん」のモニュメントを製作いただき、併せて寄贈を賜りまして、誠に有り難うございます。
これもひとえに町行政全般に深いご理解をいただきご協力をいただいておりますことと改めて感謝申し上げます。
御社がご推進している地域のゆるキャラを活用した郷土愛の育成、人と人との交流、心と心のふれあいを通した地域づくりに対し、心より敬意を表します。
これからもより良いまちづくりに向けて更に一層精進を重ねてまいる所存でありますので　今後とも変わらぬご指導ご鞭撻をお願い申し上げます
まずは略儀ながら書中をもって御礼のご挨拶とさせていただきます

敬具

平成三十年一月二十四日

群馬県　明和町長　冨塚基輔

篠原コンクリート工業株式会社
代表取締役社長　篠原督人様

明和町役場　前

明和町商工会　明和町コーナー

3　板倉町への寄付

役場入り口

行政と町民の一体化と信頼関係の構築（板倉町）

◇板倉町長より感謝状の贈呈◇

平成29年9月20日　板倉町役場　町長室に於いて

感謝状

篠原コンクリート工業株式会社 殿

貴社は板倉町に対し深いご理解のもと多額のご寄附並びにいたくらんのモニュメント及びのぼり旗スタンドのご寄附をされ当町の行政運営に対し多大なご貢献を賜りました
よってここにそのご厚意に対し深甚なる感謝の意を表します

平成二十九年九月二十日

板倉町長　栗原　実

板倉町役場　前

板倉町役場　入り口

第五章

◇無料プレゼントの内容と実施（一～三回）

1　第一回無料プレゼントの実施　平成二十九年九月十日
2　応募文と設置状況（写真）
3　第二回無料プレゼントの実施　平成二十九年十月二十九日
4　応募文と設置状況（写真）
5　第三回無料プレゼントの実施　平成二十九年十一月二十一日
6　応募文と設置状況（写真）

オリジナル
プレゼント

無料プレゼント活動の内容

第一回　無料プレゼント

新聞折込チラシ

（平成２９年９月）

応募者総数　１６名

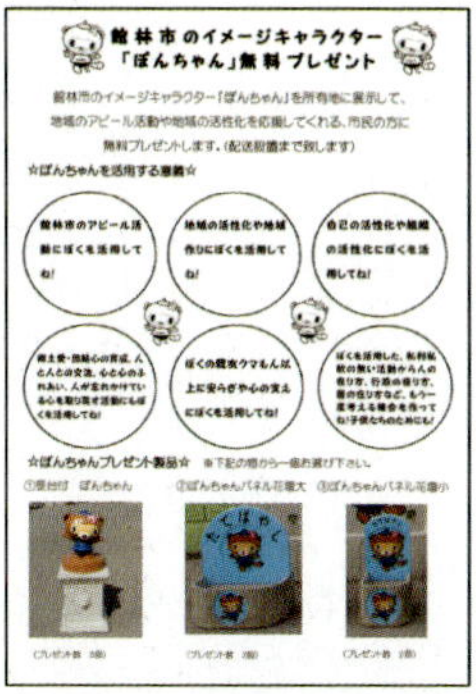

館林市のイメージキャラクター
「ぽんちゃん」無料プレゼント

館林市のイメージキャラクター「ぽんちゃん」を所有地に展示して、
地域のアピール活動や地域の活性化を応援してくれる、市民の方に
無料プレゼントします。（配送設置まで致します）

☆ぽんちゃんを活用する意義☆

館林市のアピール活動にぼくを活用してね!

地域の活性化や地域作りにぼくを活用してね!

自己の活性化や組織の活性化にぼくを活用してね!

☆ぽんちゃんプレゼント製品☆　※下記の商品から一個お選び下さい。

①展台付　ぽんちゃん　②ぽんちゃんパネル花壇大　③ぽんちゃんパネル花壇小

地域のイメージキャラクター
無料プレゼント応募方法について

①当社は社名PRを、一切考えておりませんが、このチラシには社名を記入するしか有りませんでした。

②イメージキャラクターの有効活用方法についてご提案ください。

③地域のアピール活動が、今回の優先事項なので、展示してくれる場所が必要です。

④今回の無料プレゼントは個人の方が対象です。

⑤応募後、担当者が展示場所の確認と面接に訪問する場合が有ります。（訪問日は事前にお打合せ致します。）

⑥無料プレゼントの数量には限りが有ります。

○月○日までに
応募してね!

環境ポラコン株式会社
〒374-0032 館林市南美園町 3-1
TEL：0276-72-1730　FAX：0276-72-0671

第二回　無料プレゼント 上毛新聞プレゼント記事（平成29年10月29日）

応募者総数　２１名

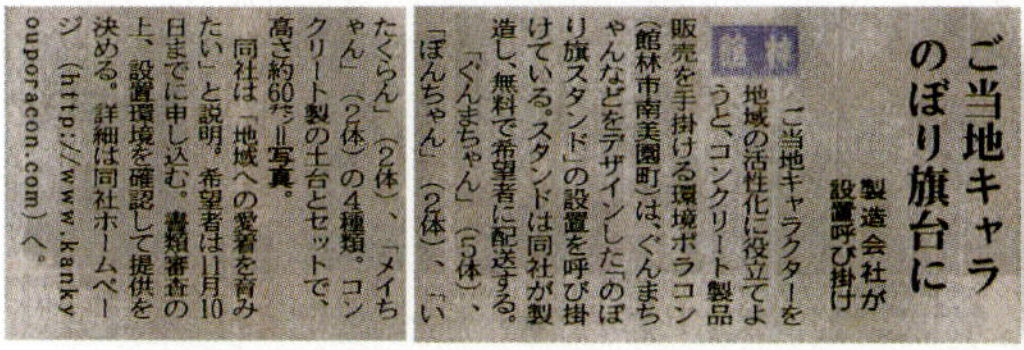

ご当地キャラ
のぼり旗台に

製造会社が
設置呼び掛け

館林

ご当地キャラクターを地域の活性化に役立ててよう、と、コンクリート製品販売を手掛ける環境ポラコン（館林市南美園町）は、ぐんまちゃんなどをデザインした「のぼり旗スタンド」の設置を呼び掛けている。スタンドは同社が製造し、無料で希望者に配送する。

「ぐんまちゃん」（5体）、「ぽんちゃん」（2体）、「いたくらん」（2体）、「メイちゃん」（2体）の4種類。コンクリート製の土台とセットで、高さ約60センチ＝写真。

同社は「地域への愛着を育みたい」と説明。希望者は11月10日までに申し込む。書類審査の上、設置環境を確認して提供を決める。詳細は同社ホームページ（http://www.kankyouporacon.com）へ。

第三回　無料プレゼント 上毛新聞 ぐんま愛 掲載広告（平成29年11月21日）

応募者総数１１６名

ご希望の製品番号をご記入下さい	受台付ぽんちゃん

フリガナ	ヘンミ タケオ
氏名	逸見武夫
住所	館林市朝日町
年代	10才未満　10〜20代　30〜40代　50〜60代　(70才以上)

館林市のイメージアップにつながる「ぽんちゃん」の活用方法を具体的にご記入下さい。

露出を多くすることと思います。今回もその一貫と思います。根付けのような小さなぽんちゃんを作り観光客（花山入場者他）に配布し、スマホ、バッグ等に吊り下げてもらう。なぜぽんちゃんか、茂林寺も合わせアピール。

ご希望の製品を選ばれた理由をご記入下さい

自宅門扉外の玄関先に設置し、通行者の郷土愛を刺激する。

（応援者の声）

大変立派な活動で、普通の人には真似のできることではないと思います。今回心の大切さを問う出版で、裾野の広がることを願っております。自宅門前にポンチャンを設置頂き、近所の方々に十分にアピールしていると確信しております。ほんとうに有難うございました。

ご希望の製品番号をご記入下さい	⑨受台付き

フリガナ	ごかん たかみつ
氏名	後閑高光
住所	館林市台宿町
年代	10才未満　10〜20代　30〜40代　50〜60代　(70才以上)

館林市のイメージアップにつながる「ぽんちゃん」の活用方法を具体的にご記入下さい。

園児、小学生の通園通学の通路沿いに当り又台宿町辺の方の買物通りの幹線道となっており館林北部地区の繁華道に在るのでツツジの館林のイメージアップに役立つと思う

ご希望の製品を選ばれた理由をご記入下さい

大き差は不明だが不動の立体感を感じた。

ご希望の製品番号をご記入下さい	①

フリガナ	ムロイ フミユキ
氏名	室井史行
住所	館林市西高根町
年代	10才未満　10〜20代　(30〜40代)　50〜60代　70才以上

館林市のイメージアップにつながる「ぽんちゃん」の活用方法を具体的にご記入下さい。

人生の折り返し地点を過ぎて、長年お世話になった館林市のために個人で私利私欲を度外視して、子どもたちのために特異な経験を積んでいます。障がいをかかえている？せいか、親子で不器用＆力不足のため日々悩む一方です。これは「ぽんちゃん」の力を借りて、お礼に1人ぼっちのぽんちゃんへ家族（仲間）を（Pontaカードのポンタくんは4人家族で楽しそう）プレゼントしたいです。

ご希望の製品を選ばれた理由をご記入下さい

①の「3D立体ぽんちゃん」なら、目が不自由な人、生き物でも共有できると感じたからです

よろしくお願い申し上げます。（上記住所以外にも、市内に私有地あり）

ご希望の製品番号をご記入下さい	①
フリガナ	シノザキマヨコ
氏名	篠崎万代子
住所	館林市西本町
年代	10才未満　10～20代　30～40代　(50～60代)　70才以上

館林市のイメージアップにつながる「ぽんちゃん」の活用方法を具体的にご記入下さい。

・館林駅でぽんちゃんデザインのPASMOを作成する。（定期券でもぽんちゃんのデザインカード）
・カルピスやブルドックソース等の全国で有名な食品に、ぽんちゃんを印刷して館林の知名度をUPさせる。

ご希望の製品を選ばれた理由をご記入下さい

・家の隣に金融機関が出来るので、少しでもいろいろな人にぽんちゃんを見ていただければと応募しました。

ご希望の製品番号をご記入下さい	②
フリガナ	スナガシゲオ
氏名	須永重雄
住所	館林市大島町
年代	10才未満　10～20代　30～40代　(50～60代)　70才以上

館林市のイメージアップにつながる「ぽんちゃん」の活用方法を具体的にご記入下さい。

大島町において、採卵養鶏を営んでおります。地場産たまごを宣伝するため今までシール等を作って販売等に力を入れてきましたが、貴社の花壇等があれば、尚一層力強いと思います。よろしくお願い致します。自宅の卵自動販売機の入口に置きたいと思っています。

ご希望の製品を選ばれた理由をご記入下さい

尚、貴社の製品を買い求められる事は、できますか？
単価をお知らせにいただけると有難いと思います。

◇一部掲載の御協力を頂きました◇

館林市内　I・H 様

館林市内　T薬局 様

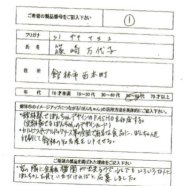

第二回　無料プレゼント

[ご希望の製品名]　ぐんまちゃん

[お名前]　ぐんまこどもの国児童会館
[フリガナ]　ｸﾞﾝﾏｺﾄﾞﾓﾉｸﾆｼﾞﾄﾞｳｶｲｶﾝ
[性別]　男性
[年齢]　10～20 代
[住所]　373-0054　群馬県太田市長手町 480
[電話番号]　0276-25-0055
[FAX 番号]　0276-25-0059

[地域の活性化につながる「ご当地キャラクター」の活用方法を具体的にご記入ください]
ぐんまちゃんののぼり旗スタンドを会館入り口に設置して、当館マスコットであるにこっとちゃんののぼり旗を立て、来館者を迎えます。

[ご希望の製品を選ばれた理由]
群馬県立金山総合公園内に設置された群馬県では唯一の県立大型児童館であることから、ぐんまちゃんの製品を希望します。

こどもの国様よりメール　2017/11/21

（応援者の声）

環境ポラコン（株）　御中

ぐんまこどもの国児童会館の小磯です。
先日は、大変のぼり旗台を寄贈いただき、
ありがとうございました。

当館のツイッターにてつぶやいた所、
大変な反響（いいね）がありました。
また、昨日、小3のお子さんから
お葉書がとどきました。
添付いたしますので、
ご覧ください。
私どももこんなに素早く反響があるとは
大変驚きとともに、製作した皆様の
熱意が多くの方に伝わるのだと
改めて感じました。

当事業団の理事長、事務局長からも呉々も
よろしくとのことです。

会長様はじめ、社員の皆様にも
お伝えいただければ
幸いです。

ぐんまこどもの国児童会館
総務企画課　小磯　三智子
〒373-0054　太田市長手町480番地
TEL0276-25-0055/FAX0276-25-0059

かわいい

☆来館された、お子さんからの投稿ハガキ☆

環境ポラコン(株)　篠原　会長様

拝啓　新緑の候、貴社益々ご繁栄の事とお喜び申し上げます
私共もおかげさまで変わりなく、元気で過ごしております。

その節は大変お世話になり、ありがとうございました。
お陰様で、ぐんまちゃんのぼり旗台は、現在も立派にまたかわいらしく、児童会館入口において、子ども達を出迎えております。
今回、書籍の出版について、ご連絡をいただきました。全てお任せいたしますので、ご利用いただければ幸いです。よろしくお願いします。

末筆に会長様はじめ社員皆様のご健康とご多幸を、また貴社の益々のご発展を祈念しております。

敬具

平成３０年5月６日

公益財団法人群馬県児童健全育成事業団
（ぐんまこどもの国児童会館）
総務企画課長　小磯　三智子

地域貢献のために御尽力される御社の姿に感銘を受けております。
今後もこの活動が長く続いていくことを祈念しております。

平成　３０年　5月　6日

公益財団法人　群馬県児童健全育成事業団
御署名　理事長　小出省司

第二回　無料プレゼント

[ご希望の製品名]　ぐんまちゃん
[企業・団体名]　㈱清水屋
[住所]　舘林市台宿町

[地域の活性化につながる「ご当地キャラクター」の活用方法を具体的にご記入ください]
セブンイレブンを経営しているので、店舗入り口付近のお客様の見えやすい場所に設置し、キャンペーン告知や地元産品の紹介に使用したいです。

[ご希望の製品を選ばれた理由]
ぐんまちゃんは群馬県の顔であり、セブンイレブンでもナナコカードの表紙としてコラボレーションしたり馴染みが深く感じます。下の写真を拝見しましたがとてもかわいらしくできていて、入り口付近に設置すればお客様の目に留まり、お店の印象を良くしてくれると思ったので希望させて頂きました。また、コンビニには日頃からたくさんのお客様にご来店して頂いてるので、ぐんまちゃんのスタンドをぜひ皆様にも見ていただいて、今回のような地元の為のすばらしい試みをしている会社さんがあるということを知ってほしいと思い応募させていただきました。

第二回　無料プレゼント

[ご希望の製品名]　ポンちゃん　ぐんまちゃん
[企業・団体名]　㈱花山うどん
[住所]　館林市本町

[地域の活性化につながる「ご当地キャラクター」の活用方法を具体的にご記入ください]
駅前にお店を構えておりまして、他県からのお客様や地元のお客様や可愛いお客様・・・。
老若男女問わず当店にお越し頂いております。
館林を多くの方に知って頂きたく、インスタやツイッターの写真等が上がる事で館林が地域活性化できる様になればと思っております。

[ご希望の製品を選ばれた理由]
地元館林と言えば「ポンちゃん！」と思い御社の製品を選びました。

第三回　無料プレゼント

[ご希望の製品名]　いたくらん
[企業・団体名]　ヘアーサロンさいとう
[住所]　板倉町板倉

[地域の活性化につながる「ご当地キャラクター」の活用方法を具体的にご記入ください]
板倉町で理容室を経営しています、お店の前に飾りお客様をお出迎えし、お客様との会話などで、いたくらんの話で盛り上がればいいと思います。目の前に板倉高校があり高校生たちにも、いたくらんのことをアピールしたです。

[ご希望の製品を選ばれた理由]
板倉町内のお客様も多く来客してもらっていますし、私も板倉町商工会青年部で活動していたころから板倉をもっと盛り上がげたいと思い続けています。

［ご希望の製品名］　ぐんまちゃん
［企業・団体名］　群馬県立がんセンター
［お名前］　加藤 恵子

［地域の活性化につながる「ご当地キャラクター」の活用方法を具体的にご記入ください］
勤務先の病院入り口にぐんまちゃんを置き、苦しい抗がん剤治療に来る患者さまの気持ちを少しでも和らげたら、と思い応募しました。

［ご希望の製品を選ばれた理由］
やはり県立病院なので
ぐんまちゃん！！

☆加藤さんからのメール

（応援者の声）

☆2018/1/14
ぐんまちゃん設置、ありがとうございました。
患者さまの声は届いてませんが、守衛さんや事務、
受付などなど、色んな人が『何で当たったのぉ？』とか
『かわいいから盗まれちゃうよぉ』とか、
声かけてもらいました。
守衛さんにしっかり守ってもらわないと(^ ^)
また、院長が見てないため、コメントもらいましたら
メールしますね。

お洒落

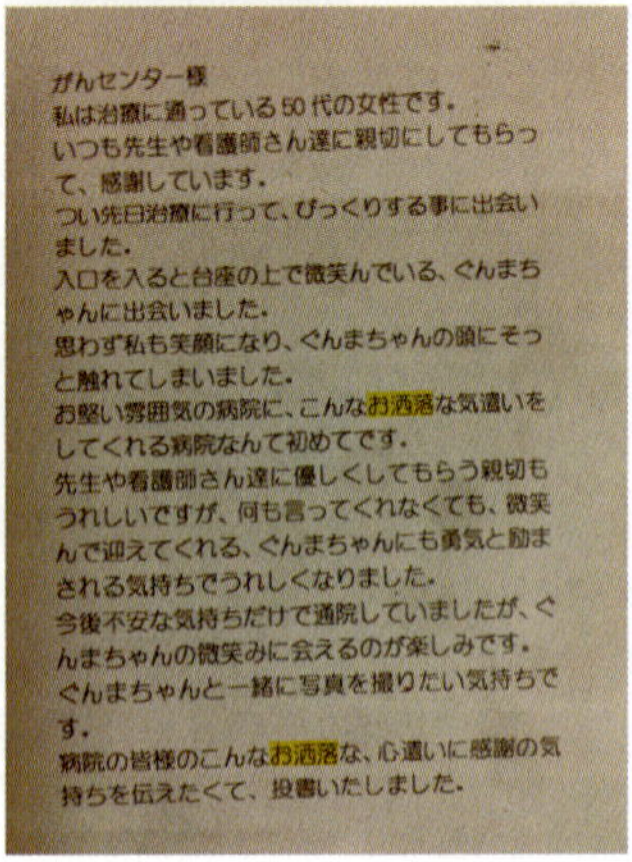
がんセンター様
私は治療に通っている50代の女性です。

いつも先生や看護師さん達に親切にしてもらって、感謝しています。

つい先日治療に行って、びっくりする事に出会いました。

入口を入ると台座の上で微笑んでいる、ぐんまちゃんに出会いました。

思わず私も笑顔になり、ぐんまちゃんの頭にそっと触れてしまいました。

お堅い雰囲気の病院に、こんなお洒落な気遣いをしてくれる病院なんて初めてです。

先生や看護師さん達に優しくしてもらう親切もうれしいですが、何も言ってくれなくても、微笑んで迎えてくれる、ぐんまちゃんにも勇気と励まされる気持ちでうれしくなりました。

今後不安な気持ちだけで通院していましたが、ぐんまちゃんの微笑みに会えるのが楽しみです。

ぐんまちゃんと一緒に写真を撮りたい気持ちです。

病院の皆様のこんなお洒落な、心遣いに感謝の気持ちを伝えたくて、投書いたしました。

☆2018/1/26
本日、病院の次長から
”こんなハガキが届いたよ”と連絡がありました。
本当にびっくりです。
嬉しすぎです♪
こんな感動、なかなか味わえませんよね！（≧▽≦）
嬉しくて早速メールさせていただきました。
ほんと、ありがとうございました。
会社の皆様にも宜しくお伝え下さい。
また、毎日厳しい寒さですので、お体に気をつけて下さいね(^ ^)

ＦＡＸ送信票

平成３０年１月２６日

（通信欄）


先程、御連絡いたしました、がんセンター　事務局　相川良彦と申します。

過日は設置の際に同席できなくて大変申し訳ありませんでした。

また、お礼のご連絡も遅くなってしまい、重ね重ね失礼しました。


電話で話しましたとおり、昨日当センターの患者様より「ぐんまちゃん」を設置した事に対してのお礼の手紙が届きました。

院内にはもちろん周知しましたが、設置いただきました御社にも患者様の気持ちを伝えたいと考え、ＦＡＸで失礼とは思いますが写しを送らせていただきます。


御社の「６つのチャレンジ」微力ながら応援しています。

これからも、地域のためにご活躍ください。

［発信元］

群馬県立がんセンター
Gunma Prefectural Cancer Center

〒３７３－８５５０　群馬県太田市高林西町６１７－１
事務局次長　相川　良　彦
TEL 0276-38-0771　FAX 0276-38-0614
e-mail：aikawa-y@pref.gunma.lg.jp

☆当社より御礼状

前略

「人が忘れかけているかも知れない　・・・　心の大切さ」を少しでも取り戻せる機会をつくれたらという事が、私達の活動の原点です。

そんな私達にとって、今回の相川様からのお便りは、何よりもうれしく励まされるお便りでした。

業務等でお忙しい中、ご報告をいただいた心遣いにも、感謝の気持ちでいっぱいです。

私達にとって、加藤さんの応募内容の「苦しい抗がん剤治療に来られる患者様の気持ちを少しでも和らげる事が出来たら・・・」と言う応募内容に、少しでも応える事が出来るか、とても心配でした。

そんな折のこのお便りに、事務所にいる全員がハイタッチをして喜びました。

本当に有難うございました。今後とも宜しくお願い致します。


環境ポラコン（株）　会長・社員一同　より

草々

第三回　無料プレゼント

［ ご希望の製品名 ］　ぐんまちゃん
［ 企業・団体名 ］　会福祉法人大盛会　たいせいこども園
［ 住所 ］　高崎市下小塙町

［ 地域の活性化につながる「ご当地キャラクター」の活用方法を具体的にご記入ください ］
たいせいこども園は開園して 43 年をむかえました。昨年より保育園から幼保連携型認定こども園としてリニューアルオープンしました。

［ ご希望の製品を選ばれた理由 ］
群馬県のマスコットぐんまちゃんをたいせいこども園のシンボルとして子どもたちに観て可愛がってもらいたく応募しました。
宜しくお願いします

第三回　無料プレゼント

［ ご希望の製品名 ］　ぐんまちゃん
［ 企業・団体名 ］　株式会社システム
［ 住所 ］　伊勢崎市三室町

［ 地域の活性化につながる「ご当地キャラクター」の活用方法を具体的にご記入ください ］
当社の正門脇に設置したいです。
マイナーな場所ですが、通勤徒歩者・小学生・中学生が良く歩いている道路です。また車の通りも通勤退勤時、商用車も結構、走っています。御社のキャラクターを設置して町中に笑顔を広げたいです。

［ ご希望の製品を選ばれた理由 ］
小さな会社と住宅地が共存している町中の道路に"ぐんまちゃん"を設置すれば、町中に笑顔と元気が出ます。当社もその思いで、工場建屋に"グー工場、""パー工場"、チョキ工場"と看板を揚げて、みんなが笑顔になれる様にしています！そこに
"ぐんまちゃん"が加われば、最高の道路スポットになります。宜しくお願いします。

第三回　無料プレゼント

[ご希望の製品名]　ぐんまちゃん
[企業・団体名]　若葉幼稚園
[お名前]　林　路人（副園長）
[フリガナ]　ワカバヨウチエン
[性別]　男性
[年齢]　30～40 代
[住所]　373-0807　群馬県太田市下小林町 677
[電話番号]　0276-45-7365
[FAX 番号]　0276-60-5365

[地域の活性化につながる「ご当地キャラクター」の活用方法を具体的にご記入ください]

幼稚園の門前に設置することを考えております。

朝、送迎時に「ぐんまちゃん」と優しい先生に迎えられ、日々の幼稚園生活をスタートさせてあげたいと思います。

中には、泣いて登園する子もいます。そんなときには、ぐんまちゃんに励まして頂きたいと思います。

幼少期より、地元群馬のぐんまちゃんに親しんでほしいと思います。

[ご希望の製品を選ばれた理由]
地元群馬を大好きになってほしいからです。
また、少し消極的な理由になってしまいますが、当園は太田市にあるため、実質ぐんまちゃんの選択肢しかございません。

第三回　無料プレゼント

［ ご希望の製品名 ］ ぐんまちゃん　ぽんちゃん
［ 企業・団体名 ］ 有限会社 星山商店
［ お名前 ］ 星山　德一
［ フリガナ ］ ホシヤマ　トクイチ
［ 性別 ］ 男性
［ 年齢 ］ 50～60 代
［ 住所 ］ 370-0614　群馬県邑楽郡邑楽町赤堀 3751-1
［ 電話番号 ］ 0276-60-4036

［ 地域の活性化につながる「ご当地キャラクター」の活用方法を具体的にご記入ください ］
弊社玄関に設置させて頂き、ご来店されるお客様にアピールさせて頂きます。

でも本当に無料プレゼントなんですよね！　あとで請求書なんて送られて来ませんよね！
無料プレゼントなら絶対設置させて下さい。宜しくお願いします。

ほんとうに？
無料プレゼント

第三回　無料プレゼント

[ご希望の製品名]　ぽんちゃん
[企業・団体名]　服部商店
[お名前]　服部　光江
[フリガナ]　ハットリ　ミツエ
[性別]　女性
[年齢]　50～60 代
[住所]　370-0535 群馬県邑楽郡大泉町 416-1
[電話番号]　0276-63-4317

[地域の活性化につながる「ご当地キャラクター」の活用方法を具体的にご記入ください]

毎日、あいさつ運動を頑張っています。

交差点のたもと、事故も多くて危険な場所のため、工夫もいろいろして来ました。

できれば、交通安全につながるのぼり旗を通常あげて、地域活性化・子どもたちの健全育成につながる紙芝居等を行う月一回の『おはなしのくに』の日は告知ののぼり旗をあげるようにしたいと思っています。

私の家(店)の場所は、強風が特に激しく、日差しも熊谷が目の前のため、通常のスタンドは劣化しやすく、困っていました。

ぽんちゃんが来てくれることになれば、鬼に金棒です。

[ご希望の製品を選ばれた理由]

私個人として、防犯パトロールを始めて 10 年以上になります。また『子ども安全協力の家』としては１７年以上、子どもたちを守る店をつとめてまいりました。

朝から夜まで、よろず屋として、赤ちゃんからお年寄りまで、あいさつ運動の一環として、名前を呼び掛けながら、交差点のたもとで見守りを行う毎日。

よろず屋の中でも
『駄菓子屋』で、子どもたちの間では評判のようで、『小学校で先生が地図を書いてくれた』と言って来てくれる親子もいます。

子どもからお年寄りまで集う昔ながらの商店ですが、現在、私ひとりで切り盛りしています。

みんなに愛される商店にしていきたい！

みんなに安心を与える家でありたい！

との思いで、『おはなしのくに』と題して、月一回、紙芝居・絵本読み聞かせを店内で、ボランティアの人を読み手に迎え、始めて一年になります。

このタイミングで、昨日、ぽんちゃんの旗スタンドの話を館林に住む姉に聞き、急ぎ応募することにしました！！！
実は、ずっと『ぽんちゃん』がだいすきで、グッズも市役所勤務の姉に頼み、いち早く購入してきました。
紙芝居、読み聞かせをする中で、もっとも憎めず、笑いを与えてくれて『ほっこり』させてくれる動物…
タヌキさんイコール『ぽんちゃん』
どうして、館林からこんなに距離のある大泉町に。
理由は、
『ぽんちゃん愛』『館林愛』『昔話愛』、まだまだたくさんありますが、
だれよりも大好きなキャラクターに、
よろず屋服部商店の角に立って一緒に地域の見守りをしていただきたい、
その、一心です。

（応援者の声）

会長へ

平成十八年以来ずっと子ども達の見守りをしていて一人だけで交差点付近にいました。

今回の会長の活動を知り「ひとりだけではない」とほっとしました。

ぽんちゃんが来た時重いコンクリートだし、若い方が運んでくるのかと思っていたら、会長と社長のお二人だけ。

会話で キモチを聞くことができて、意味がわかったのです。

なぜ、この活動をしているのか。

国などを動かす人、組織の代表でも…私利私欲・名誉・名声
そんなもののためにやっている、そう思える人が多い現状。
でも、それじゃだめなのです。「心」がないと、だめなんです。
旗に記《しる》された「忘れかけていませんか 心の大切さ」
これなんです。
会長にぽんちゃんの縁で出会えたこと。ぽんちゃんに感謝です。
真心のこもった やさしいぽんちゃん。大切にします。
「見守りスタンド」、ありがとうございました。

服部商店
服部光江

服部光江様から当社への御礼状　2018. 12. 25

環境ポラコン株式会社　様

先日は遠いところ、ポンちゃんのぼり旗スタンドを届けていただき、ありがとうございました。
設置場所は、毎朝2つの通学班が集合します。
病院送迎バス、たくさんの幼稚園バス、デイサービスバス、
大勢の人や乗り物が行きかう場所なのです。

そんな街角を
「ポンちゃん」がジッと見守る光景に、
幸福を感じる日々です。
　21日午後1時から、日本公衆電話会の事務局、
息子、ヤクルトの方などに出席いただき、「横断注意」
の旗の掲揚式を行いました。
特別ゲストには、館林から
「ポンちゃん」が、かけつけてくれました。
夕方遅くまで、子どもたちに、ポンちゃんののぼり旗スタンドを紹介してくれたポンちゃん！
その日は、授業時間中、特別支援学級の児童も偶然、買い物に来たので、ポンちゃんとふれあえて、先生方も子ども達も笑顔いっぱいになり、こちらも幸せな気持ちになりました。

Xmas直前に、こんなに素敵な出会いを与えていただき、
感謝のキモチでいっぱいです。

この出会い、きっとポンちゃんが結んでくれたのだと思います。
これからも「地域の子どもは地域で守る」をモットーに、
愛されるポンちゃんと一緒に、愛される街づくり、頑張ります。

これからも私利私欲なく、一心に子どもたちの未来を、美しい地球を、守る活動をしていきます。


最後に、私の勝手な勘違いで、ポンちゃんののぼり旗は撮影用だけで、持って帰る物だと判断してしまいました。

先日の掲揚式で、息子とヤクルトの方に、

「ポンちゃんののぼり旗、いただけるんだったんだよ」

『そう言ってたよね!?』と言われ、恥ずかしくなりました。

"横断注意"は、(月)〜(金)に掲げて、

(土)(日)に、

"忘れかけていませんか心の大切さ"の方を飾れたら、幸いです。

いつか、機会があったら、ぜひ、お譲り下さい。お願い致します。

ポンちゃんは、毎日みんなに幸福を与えてくれています。

大切にします。　この度はありがとうございました。

服部光江

当社から服部光江様への礼状　2018. 12. 26

拝啓

残り少ない 2017 年…先日はお忙しい中、心のこもった対応をしていただき大変ありがとうございました。
また、御礼の気持ちを充分に感じさせてくれる御手紙、有り難うございました。

私達の活動の原点は「忘れかけていませんか…心の大切さ」を取り戻せる機会がつくれたらと考えています。

1. 今の世の中は、色々な意味で悪化の一途をたどっていると思いませんか…？
（人の心も同様だと思います）
今の乱れた世の中では、私利私欲のない活動ですら誤解される事はあっても理解される事は99.9%ないと思います…私達はその事を理解した上での活動です。

2. そんな折に、服部様から礼状をいただき「忘れかけていませんか…心の大切さ」を少しでも理解していただけたのかなぁと嬉しく思いました。

① この活動を始めて、気持ちのこもった御礼状は服部様で八人目です。
② 服部様の応募内容を拝見して、色々な意味で地域へ貢献活動をしている人だなぁと理解して、今回の応募 110 通以上の中で「いの一番」に決定させていただきました。
③ のぼり旗に書かれている内容についても「どこからかの抜き書き」ではなく、全て私自身が考えたものです。（何種類か紹介します）
④ 先日、ぽんちゃんとお撮りした写真も同封させていただきます。
⑤ 世界キャラクターさみっと in 羽生2017の資料も同封させていただきます。
⑥ 是非、当社のホームページのゆるキャラクターの欄も検索してみてください。

3. 自分達が悩んでいる時に、服部様からのような御礼状をいただけると、励まされる気持です…ありがとうございました。

4. 今後共、服部様の地域での活動から勇気づけられる事も多いので、活動状況等、御連絡いただけたら幸いです。
宜しくお願い致します。

環境ポラコン株式会社
会長　篠原幹男

敬具

第三回　無料プレゼント

［ご希望の製品名］ ぐんまちゃん
［企業・団体名］ そば処　福助
［お名前］ 大越　輝雄
［フリガナ］ オオコシ　テルオ
［性別］ 男性
［年齢］ 70 歳以上
［住所］ 373-0062　群馬県太田市鳥山中町 936-4
［電話番号］ 0276-22-6300

［地域の活性化につながる「ご当地キャラクター」の活用方法を具体的にご記入ください］

私は、片田舎で細々と蕎麦屋をやっています。

お客様といつも話といることは現在の社会が悪化の一途を辿っている事
そして、色々な訳も理由もわからない事件が年々増加しているという事です。

そんな折に、貴社の心の大切さを取り戻す活動に大変感動し、共感いたしました。

今の時代に最も大切な事だと思います。

片田舎の蕎麦屋ですが、地域のお客様は沢山来てくれています。

是非、私にも地域活性化のチャンスをいただけたらと思い、応募させていただきました。

宜しくお願い致します。

そば処福助様から当社への御礼状　2018.1.25

環境ポラコン株式会社　会長様、社長様

昨年、１２月に当店（そば処　福助）に設置していただいた、ゆるキャラ　ぐんまちゃんが大人気です。

通学途中の子供たちが頭をなでたり、親子でぐんまちゃんと写真を一緒に撮ったり、ご近所の人たちの笑顔が見られて、私達夫婦もとても嬉しい気持ちです。本当にありがとうございました。

上毛新聞の無料プレゼントの応募を見た時は、正直、何か裏があるのかと思い応募に躊躇したというのが本音です。

環境ポラコン社の会長様と社長様で、配送と設置までしてくれた事にも驚きでしたが、会長様が「今回応募していただきありがとうございます」と言って、「現物のゆるキャラが今、車に積んでありますので確認して、気に入っていただけたら設置させていただきます。気に入らないようでしたら、このまま持ち帰ります」と言われた事にも驚きました。

さらに、「もし、このゆるキャラに飽きて片付けたいと思った時には、当社にご連絡ください。無料で片付けに参ります」

無料プレゼントだけで、私も妻も恐縮しているのに、この気遣いは心の底からびっくりしました。

今の時代に、こんな人たちがいたのかと思うと恥ずかしい気持ちになりました。

私の友人たちにも、その話をしたら誰も信じてくれないどころか、ゆるキャラの現物、配送設置までいれたら１０万円はするだとうと言われ、そのうち請求書が来るかも知れないよと脅かされましたが、いまだ請求書は届いていません。

環境ポラコン社がおいていった、地域のイメージキャラクター活用にあたりの紙に、あなたの地域のイメージキャラクターを活用して人と人との交流、心と心のふれあいを通して「人が忘れかけているかも知れない・・・心の大切さ」を取り戻せる機会がつくれたらと書いてありました。私も妻も心が洗われたような気分になりました。

この度は本当にありがとうございました。心から感謝の気持ちでいっぱいです。

そば処　福助

当社からそば処福助様への礼状　2018. 1. 26

そば処　福助様

ご丁寧な礼状ありがとうございました。

1．子供たちが喜んでいる姿が目に浮かび、とても嬉しい気分です。

2．私たちの気遣いを好意的に理解していただけた事もとても嬉しく思います。

3．私たちの私利私欲のない気持ちに対しても、素晴らしい表現力で説明していただけた事は、何にも勝る喜びです。

4．キャラクター活用の紙面にも理解していただけた事も嬉しい気分です。

5．そば処　福助様に設置させていただけた事に、とても嬉しく思います。

6．請求書など送付する事はありませんので、ご心配なさらないでください。

7．このような便りは、私たちの活動にとって、とても嬉しく励みになる便りです。

8．今後とも何かありましたら、是非お便りしてください。

簡単でまとまらない文章ですが、嬉しい気持ちと感謝の気持ちでいっぱいです。
ありがとうございました。

環境ポラコン　株式会社
会長　篠原　幹男
社員一同

第三回　無料プレゼント

[ご希望の製品名]　いたくらん
[企業・団体名]　鳳凰ゴルフ倶楽部
[お名前]　Ｋ・Ｈ
[住所]　373-0003　群馬県太田市北金井町９０３番地
[電話番号]　0276-37-2111
[FAX 番号]　0276-37-0980

[地域の活性化につながる「ご当地キャラクター」の活用方法を具体的にご記入ください]
ゴルフ場には県外客が多く来場しますので、めずらしいナマズ料理やラムサール条約湿地が４県にまたがっている渡良瀬遊水地の誘客手段として認知してもらう手段として目に留まる像を置くことで興味をもってもらう

[ご希望の製品を選ばれた理由]
板倉周辺観光客の誘致手段としてのシンボルとして

[ご希望の製品名]　ぽんちゃん

[地域の活性化につながる「ご当地キャラクター」の活用方法を具体的にご記入ください]
県外から多くのお客様が見えることから、童話｛分福茶釜｝の舞台となっている茂林寺を象徴するキャラの認知を広め、又、つつじで有名な公園も観光してもらえるよう情報発信するシンボルとして活用したい

[ご希望の製品を選ばれた理由]
茂林寺をはじめ館林周辺観光誘客のシンボルとして

[ご希望の製品名]　メイちゃん

[地域の活性化につながる「ご当地キャラクター」の活用方法を具体的にご記入ください]
館内に「メイちゃん」の像を置き、明和町の梨が一大産地であること、１０数種類あること、収穫時期も７月下旬～１１月上旬と長いこと等のコメントを付し県外来場者の観光誘客をしたい

[ご希望の製品を選ばれた理由]
同上の誘客策の象徴として

第三回　無料プレゼント

［ ご希望の製品名 ］　ぐんまちゃん

［ 地域の活性化につながる「ご当地キャラクター」の活用方法を具体的にご記入ください ］
県外からのお客様が多く来場されていることから
群馬県をアピールをするに　最適と考えております。

［ ご希望の製品を選ばれた理由 ］
ゆるキャラグランプリでも優勝した群馬県を代表するキャラクターであり、知名度抜群につき

第三回　無料プレゼント

心の大切さ‥今の社会で一番欠けていること、忘れかけていることを思い出きせるような貴社の取り組みに小生、感銘と共感をおぼえました。
・小生 66 才にして、恥ずかしながら普段おざなりにしていた事を見直す機会ができましたことに感謝いたします。
・人は時として我利我欲が邪魔して物事の善悪を見失うことがありますが、その根底には、人の心の痛みが判らない、目配り・気配り・心配りが足りない等　感じる力、疑問を持つ力、分別できる力が備わっていないことだと思っております。
・又、それらに気が付かないなら教えてあげる。教え諭してくれる人が少ないのも要因とあげられるのではないでしょうか？
・人は誰も一人で生きて行くことは無理、周りの人様のお陰だと感謝する気持ちがあるかないか、又　それに気づくか気づかない　だとも思います。
・国・自治体等を動かしている政治家や行政、あるいは会社の経営者、従事者の中で、事の善悪の認識不足や自覚の欠如、規範意識の欠如した人が多く見られますが、これ等は組織の閉鎖性といった体質の問題の他に「おごり」「肩書や地位の勘違い」「保身の為に上をもてはやす人がいる」「いやな事、煩わしい事には係わりたくない」「無意織、無関心、無責任」といったことが挙げられると思います。
・現代はネット社会ですが、ネットは便利ですが最大の欠陥は人と人の生の感情が通じないところにあります。人が人として生きで行くためには、人との関わり、それも直にお互いが接して色々な事を話題にしながら繋がりをもって歩んで行くことが不可欠です。
・小さなことでも、志を同じくする大勢が信念を持って頑張れば大抵の事が出来ると信じて止みません。
・最初は「点」かもしれませんが、それを「線」で結び、更に広げて「面積」にすることは　可能です。
・その為には、家庭、学校、地域、企業、国が一体となって目的意識を共有、出来たらと思います。

◆生意気なことばかり申し上げてしまいましたが、小生、貴社の取り組みに感銘を受けた社会のー員として、「人の心の痛みを分かち合える、思いやりのある社会が一日も早く訪れる」よう当社内でも「あるべき姿」を自分なりに訴えていきたいと思っておりますので、小生に対して　今後のご指導、ご鞭撻、ご教示をいただければ　幸甚に存じます。
貴社の益々のご発展とご繁栄を　心より念じ挙げております。

平成 30 年 4 月 29 日　鳳凰ゴルフ倶楽部　K・H

※貴重なご意見より、一部抜粋させていただきました。

第三回　無料プレゼント

[ご希望の製品名]　ぐんまちゃん
[企業・団体名]　万座ホテル聚楽
[お名前]　豊田　哲也
[フリガナ]　トヨタ　テツヤ
[性別]　男性
[年齢]　30～40 代
[住所]　377-1528　群馬県吾妻郡嬬恋村干俣 2401　万座温泉
[電話番号]　0279-97-3535
[FAX 番号]　0279-97-3147
[メールアドレス]　manza@hotel-juraku.co.jp

[地域の活性化につながる「ご当地キャラクター」の活用方法を具体的にご記入ください]
ホテルを営んでおります。
玄関前、またはロビーに置きまして、ご来館されたお客様にご覧いただき、ここは群馬県、また来たいねと思わせるようになれば良いなと思い応募致します。

[ご希望の製品を選ばれた理由]
群馬県嬬恋村という事で、ぐんまちゃんを選ばせて頂きました。
勝手をいうようですが、嬬恋村にもつまきゃべちゃんというご当地マスコットがいます。
可能ならば、ぐんまちゃんとつまきゃべちゃん、並べて設置できればいいなと思っております。

第三回　無料プレゼント

① 浅見　健司　　ＪＡ多野藤岡　理事
② ３７５－００５７
③ 藤岡市上落合４１９－１
④ ０２７４－２４－２９８３
⑤ 同上
⑥ ６２さい
⑦ より愛される地域のＪＡとして支店の統合計画が進んでいます
本店も新しくなり来店されるお客様の気持ちが少しでも和むように
お願いしたい
⑧ 藤岡市には（ゆるキャラ）がいないため「ぐんまちゃん」希望
⑨ 貴社の考えは現代人の忘れている心の大切さを思い起こすきっかけを作っておられると思う
仕事と家庭に追われる現実に一石を投じたいものだ

7 「世界キャラクターさみっとin羽生　２０１７」埼玉県羽生市水郷公園で開催された会場で偶然に見学した板倉町の企画と実行力について

二〇一七年十一月二十六日に私はゆるキャラを活用する立場として、次男夫婦と妻と四人で開催地の羽生市水郷公園に行きました。年々ゆるキャラの人気は落ちているとはいえ、大勢の見学者に驚きました。

世界の各地域の会場を見てゆるキャラが減少していく実態を感じました。ゆるキャラさみっとが主体というより、その地域の物産店主体という印象を強く感じました。

多くの地域がその地域にしかないゆるキャラを活用していないと思いました。

多くの見学者の中で年配の私は疲れ果て、がっかりした気分で早くこの会場から出たいと思いながら板倉町の会場をみてびっくりしてしまいました。なんと、当社で製造した板倉町のゆるキャラのぼり旗スタンドが設置されていました。そののぼり旗には「地域の活性化や地域作り…人と人との交流にいたくらんを活用してね！チャレンジ組織の活性化」

こののぼり旗の内容こそが、現在の世の中に大切な事だと感じました。板倉町といったら群馬県でも小さな地域ですが、その小さな地域ののぼり旗に記載された内容を考え、立案、企画した人材がいたのかと思うと、私の心は熱いものを感じました…その事を理解して指示した町長も素晴らしいと思いました。

同時にこういう企画、立案に興味をもたない人達が現状の社会では多くなっている事も残念な気持ちになりました。

第六章

1　活動進行に対する相違点について

順調に進行している活動に問題発生
・活動を理解して一体感を感じていたT市とトラブルがありました。
・ゆるキャラの新製品のぼり旗スタンドの寄付を申し出たが「社名PRに該当する」という理由で断られました。

◎寄付する製品には一切、社名等の記載はありません。
◎寄付に対する社名は一切、公開しないで欲しいとお願いをしていました。
◎すでに、保育園（9件）幼稚園（5件）公園（1件）、更にはT市役所の玄関東側等にT市ゆるキャラ関連を寄付していました。
◎市長の机上にも卓上ぽんちゃんのゆるキャラを寄付していました。

◎その事に関して、T市市長からの感謝状も贈呈されていました。

◇その事に関して当社はT市に抗議文を送付しました。

抗議文の主な内容

①ゆるキャラはT市が発案して、市自身が採用したのであり、T市のPR製品であると思います。

②地域の活性化や地域のアピール活動はT市自身が中心になって進めるべきことだと思います。

③将来のある子供達に「T市のゆるキャラ」を通じて、郷土愛などを育む事や子供達の夢の達成を考慮する事はT市の役割だと思います。

④不幸にも熊本大地震の折には、ゆるキャラ「くまモン」は熊本県民の心の支えになっていると聞いています…市はそういう事に対して無理解なのか？

⑤以前の市長の時には歓迎された事が新市長になると簡単に変わるのか？　行政とはそういう所なのか？

⑥感謝状贈呈（意義）などに対しても、市側には一貫性の方針はないのか？　感謝状の発行についてはどの程度の役職の人が知っているのか？　感謝状等は名ばかり、形だけの通り一遍のものなのか？

⑦新市長の提案の中に、アイデアを出し合い地域の魅力向上と語っているが市長というトップリーダーなのに通り一遍の形と口だけの対応なのか…？　私達の活動も地域住民がアイデアを出し合い地域の魅力向上につながるかもしれないという事が理解できていないのか？　机上の理論や口先だけのアイデアや行政だけの活動が全て成功すると思っているのか？

⑧当社は、今回の様にT市側の理解、協力がなくても地域のゆるキャラを通した私利私欲のない活動は現状の世の中には必要だと考えているので単独活動になっても継続する考えです。

以上の様な抗議文をT市市長宛てに送付しました。

◇T市側からの反応

①抗議文の送付から三日後、平成二十九年七月十一日（火）にT市副市長と部長、課長の三人が当社に来訪しました。その席で今回の件は、抗議文を拝見するまで一切知りませんでした。と言われました。

知らなかった事とはいえ、今回の件は御詫びさせていただきます。という内容が主でした。（その時の話の内容は、全て記録はありますが公開はできません）

②それに対しての当社の考え方の説明

私達、零細企業は失敗したから次回は気を付けますでは済まない…それは、反省という点から考えれば大切な事だと思いますが…私達は、一回一回が真剣です。ある程度の肩書があるなら、尚更真剣に取り組んで欲しいと思います。「知らなかった」を前面に押し出して対応する事は、組織の活性化を疎かにしている事ではないのか？

組織の活性化は全て役職についている人の責任だという事は理解して欲しいと思います。と、まとめて返答をしました。

その後、T市市長（平成二十九年八月十九日）と直接会談をして、一応解決しました。

2　活動を理解してくれた行政側の行為（好意）

T市側は活動内容について、理解してくれてT市のゆるキャラを設置した企業、個人宅を含めて約五十件前後のお宅に「T市のアピール活動に協力していただき有難うございます」の御礼を兼ねた訪問を実行している

ようです。

解決後、T市市長が誰よりもこの活動を理解してくれているのではないかと思い感謝しています。

3　無料プレゼントの応募を受け設置時に感じた出来事について

無料プレゼントの応募も三回目になりました（上毛新聞記載にて群馬県全域）。私と次男の篠原コンクリート工業（株）社長（以後、社長）と二人で配送と設置のほとんどを完了しました。私と社長は、この活動に対する応募設置者の考え方や反応等を身をもって感じて今後の活動の反省、参考にできたらと考えて老体（私自身）の立場で配送、設置作業に取り組みました。ほとんどの応募、設置者からは温かい感謝の気持ちが伝わってきて、くたびれかけている老体の私でも、とても嬉しい気持ちになりました。社長も「商売からは感じられない温かい別の喜びを感じました」と表現していました。この活動についで正直に伝えるために、ある一件の設置現場で不快、不信に感じた事に関しても事実を記載させていただきたいと思います。

Ｔ高校のＰＴＡ関係者から応募がありました…その応募の内容には生徒達のために「ゆるキャラぽんちゃんとぐんまちゃんの二体欲しい」という希望が書かれていました。基本的には無料プレゼントは一体限定でした。私達も生徒（子供達）のために少しでも役に立ってくれるならと考えて、二体設置の希望に快く了解させていただきました。職員や学校長様と応募してくれたＰＴＡ関係者との数度による打ち合わせの結果二〇一七年十二月二十一日午前九時に納品設置と決定しました。私と社長は十分前に現場に到着して設置の準備をしていました。約束の時間を少し過ぎて設置の担当者という五十歳前後の男性が現れました。私と社長は、丁寧な気持ちで応募してくれた事と設置していただく事に感謝の気持ちを言葉と体を通して伝えたつもりでした。

私達の名刺も失礼のないように渡したつもりでした。その時、その担当者は全くの知らんぷり的態度でした。まるでゴミ片付けのおじさんという感じで接しられている様な気持ちになりました。ほかの設置者の現場では全く感じられなかった不快な気持ちになってしまいました。社長からも目配せで嫌な気持ちが伝わってきていました。

年配のくせに人間性のできていない私は、その人にこう言ってしまいました。「私達がきちんと名を名乗り名刺まで手渡し、応募と設置の御礼までしているのに…あなたは名も名乗らず失礼だと思いませんか…私達は多少でも活動を理解してくれている人（人が忘れかけているかもしれない…心の大切さ）と思って設置に来たのです…多少の理解もできない人には設置などお願いしたくないので、持ち帰らせていただきます」と言ってしまいました。（その後分かった事ですが、その担当者は生活指導の関係者の様でした）その人もすぐに「すいませんでした」と言ってくれ、校長先生、教頭先生も「すいませんでした」と言ってくれました。私達も気分一新して設置してきました。帰り道、社長から「会長…すごい熱くて若いね」と誉めているのか、諫められているのか、分からないような笑顔の言葉をかけられました。

　その後、応募してくれたＰＴＡ関係者から学校側や子供達も大喜びです。という声も届き、改めて設置させていただいてよかったと思っています。

リフレッシュ

4　出版にあたり設置者の設置写真と活動に対する感想とアドバイスをお願いした時の出来事について

「幼馴染みで大親友と思っていたM弁護士にも理解してもらえなかったかもしれない…この活動」

本の出版にあたり、長男の幹幸と一緒に二〇一八年四月十二日（木）午後三時にM弁護士の事務所に「この活動に対する感想とアドバイス」を記載させてもらえませんかと、お願いに行きました。

御願いを申し出たのは次の理由からでした。

①私にとっては信頼のできる親友だと思っていたから…
②M弁護士の自宅にも私達が活動しているゆるキャラを設置してもらっているから…
③今年に入ってM弁護士とは四回にわたりこの活動について話し合っていました…
・その話し合いの中でお前はすごい奴だ…こんな活動を考えるだけでもすごいのに考えるだけでなく、現実に実践活動を既にしているところが素晴らしい、と評価してもらった事があるから…
・お前に何か（体力的）あったら、この活動は俺がすべて引き継ぐと言ってくれた事があるから…
・数年前にM弁護士から「お前、いつまでも社長をやってないで、子供達に引き渡して自分のやりたい人生を送れ…いつまでも子供達に引き継がないと子供達も成長しないし、あの会社を引き継ぐのを子供達が嫌がっているのだと世間からみられるぞ」と言われました。

ところが四月十二日の私達の御願いに対して親友M弁護士からは
・そんな活動をするより「もっと会社の経営の先頭に立って、真剣に取り組め」と言われました。

・感想とアドバイスを書くかどうかの判断は三カ月後に返事をすると言われました…
（三、四カ月後には出版予定で準備をしていました）

私に今まで親友M弁護士が言ってくれた内容とあまりにも隔たりがあると思えてなりませんでした。協力が嫌なら、現在の俺の立場を考えると協力はできないと正直に言ってほしかった。

①〜③の事から多少は理解してもらえているだろうという甘えが私にあったのかもしれないと思いましたが…三カ月後に返事をさせてもらうと言われた時点で、M弁護士には今回は協力して欲しくないと思いました。この活動を多少でも理解してもらえない人には協力はして欲しくないので「今回の件は、お断りさせていただきます」とM弁護士に伝えました。その時点で約八十ページ前後あった資料を持ち帰りました。（一週間前後で返事がもらえるようならM弁護士のところに置いてくる予定でした）

この事からも、あらためてこの活動が難しい事を再確認しました。一つの活動を実現していくためには想像などできない諸問題があります。活動中に発生する色々な問題等もあると思います。私利私欲のない気持ちを原点にした活動ですら、大親友で信頼していた友人にも理解されなかったかもしれなかったのですから…この事からも、この本の出版などやめるべきか、悩む日々もあったのも事実でした。

今回の件は、どちらが正しかったのか私には分かりませんが…私は初心を忘れず、自浄能力も忘れず、原点の気持ちを忘れず続けていけたらと思っています。

5　日本経済新聞に記載された「地方創生に民間の力を」という記事に対応時の相手方の反応について

二〇一七年十二月十二日、日本経済新聞に記載された「地方創生に民間の力を」この記事について（地方創生のためのアドバイスを求めていた）

当社は、この本に記載されている活動のきっかけから活動状況についてA４用紙十〜十五枚の資料にまとめ地方創生大臣ＨＫ氏に送付しました。届きました、とかの返事もないので「当社の送付した資料は届きましたか？」と確認書を送ったところ…担当者から「見つからなくなってしまったので、再度送付してください」という連絡がありました。東京都千代田区永田町…つまり、政治の中心地、つまり行政の中心部でさえこんな状況なのかと驚いてしまいました。（内閣府地方創生）

6　上毛新聞に記載された「地域の活性化へ連携」という記事に対応時の相手方の反応について

二〇一八年一月十五日上毛新聞に記載された「地域の活性化への連携」この記事について（地域の活性化への情報提供を求めていた）

当社は、この本に記載されている活動内容についてA４用紙十～十五枚の資料にまとめ送付しましたが返答すらありませんでした。（N金融公庫）

7　日本経済新聞に記載された「官民連携と地域連携で実現する地方創生」という記事に対応時の相手方の反応について（テーマに対する情報を求めていた）

二〇一八年三月十九日、日本経済新聞に記載された「官民連携と地域連携で実現する地方創生」

当社は、この本に記載されている活動内容についてA４用紙十～十五枚の資料にまとめコーディネーター含む四人に送付しましたが返答すらありませんでした。（N投資銀行）

※５・６・７についても自分達だけ、形だけの事をやって目立ちたいだけなのではないかと思えてなりませんでした…

8　上毛新聞に折り込まれた記事に対応時の相手方の反応について

二〇一八年一月十八日、上毛新聞の折り込み「皆様の声を国政に。いのち、暮らし、未来のために（皆様のご意見を聞かせてください）

当社は、この本に記載されている活動の考え方、きっかけ、現実活動の状況についてA４用紙十〜十五枚にまとめた資料を送付しました。

二〇一八年二月二十八日に下記のような返事が届きましたので紹介します。

この事に対して、心のある政治家もまだいたのかなぁと強く反省してお詫びさせていただきます。（ＫＨ衆議院議員）

前略

先日は「　Ｈ・Ｋ　通信」に目を通していただくと共に、貴重なご意見をいただき誠にありがとうございます。

地元の活性化の手本となるご当地オリジナルキャラクター製品の提供等、地域の活性化に大いに役立っていると思います。「人が忘れかけているかもしれない…心の大切さ」を取り戻すことと、6つのチャレンジにも共感し協力を惜しまない所存です。御社のポーラスコンクリート製品、雨水流出抑制施設に関する製品は耐久性に優れ、公共工事や民間開発工事にも多数採用されており、今までにも多くの完備を残している製品で、今後も大いに期待されている技術製品にご尽力下さい。

投稿文については大変ありがたく拝見いたしました。

今後とも何なりとご意見をお寄せください。

貴社の益々のご発展を祈念し、ご意見に対する御礼とさせていただきます。

草々

平成30年2月28日

衆議院議員　Ｈ・Ｋ

第七章

著者「篠原幹男」を理解してもらうため（過去の活動を通して）

1　経営する会社（シノコングループ）の社内報から抜粋

①「あの頃の事」平成十一年十月二十三日（土）発行

前の職業を退職すると決断したあの頃…私は二十五才だった。たった一人でのスタート…それがシノコン（現篠原コンクリート工業株式会社）の出発点だった。

フォークリフトもなかったあの頃…あったのは手押しの一台の一輪車だけだった。

ショベルカーもなかったあの頃…あったのは一杯、二杯と数えて砂、砂利を入れるスコップだけだった。

砂、砂利、水を正確に測る計量器もなかったあの頃…あったのは赤錆びた中古の小さなダルマミキサーだけだった。

生コンクリートを型枠に投入して締め固める電動棒バイブレーションもなかったあの頃…あったのは一本の鉄の棒、それが電動棒バイブレーションの代わりだった。

お金も余裕も全然なかったあの頃…あったのはこんな仕事もうやめたいと思っていた軟弱な意思と…他の人には負けないと思っていた馬鹿体力だけだった。

屋根もなかった狭い製造工場、天候に左右されていたあの頃…あったのは日々に変わる空。猛暑をともなう強すぎる日差し、厳冷過ぎる強風、突然の豪雨や激雷、そして大雪の日もあった。

製造する人は自分だけ、配達する人も自分だけ、全部自分一人でやるしかなかったあの頃…

電灯設備もなかった空き地同様の工場だから日の光のある日中に製造するしかなかったあの頃…薄暗くなる夕方からは、浦和市、川口市、戸田市方面に配達、一晩に三往復。そんな日が何日も続いた。もちろん重い物を積み降ろしするのに便利なユニック車なんてなかった。あったのは中古でやっと買えた古々しい二トントラックだけだったあの頃…トラックへの積み降ろしは全部手積み手降ろしだった。

頭が痛くても、腹が痛くても、手をケガしていても、足の生爪がはがれてパクパクしていても自分でやるしかなかったあの頃…

「信用」という目に見えないけれど大切なものを得るために、ただひたすら努力するしかなかったあの頃…

今は、屋根も電気設備もある工場…突然変わる天候の影響にもあまり左右されなくなった。

重い大きな製品を持ち上げたり移動するフォークリフトも何台かある。

砂や砂利などを移動できるショベルカーもある。

砂、砂利、水を正確に計量する計量器とベルトコンベヤーが一体に組み込まれた生コンクリートをつくるミキサープラントも二カ所にある。

電動棒バイブレーションもある。更に大きな製品を製造するための電動テーブルバイブレーションもある。

製品を輸送するユニック車もあり、製品を専属で配達してくれる人もいる。

何よりも一番嬉しい事は、信頼できる仲間達がいる事信頼できる仲間達と一緒に泣いたり、笑ったり、苦労や努力、そして喜びを共に感じながら仕事のできる私は幸せ…

②「君と俺は同じ仲間」平成十一年四月五日（月）発行

まだ暗い、まだ眠い、まだ寒い、辛い早朝五時「おはよう」と君が来る。

「おはよう」と言う君の元気な声にホッとする。

「おはよう」と言う仲間達の顔を見るとなぜか勇気が湧いてくる。

君と一緒だから、君が仲間にいてくれたから勇気につながる。苦労を共にできる仲間と一緒だから辛くても苦しくても耐えられる。

仕事のある事を素直に喜び、明日という日を信じて頑張る君と俺、どちらも小さな力。その小さな力を結集させて人生という荒波に立ち向かう、一人一人の力は小さくても、その力を団結できれば大きな力になるかもしれない…世の中の厳しい荒波に負けないように力を合わせて頑張ろう。

一日の終わりに「ご苦労様でした」といたわりあう掛け声が明日の勇気につながる君

と俺、そしていつの日か「よかったね」と素直にいえる日が来ることを信じて生きる君と俺。

③「YMの事」平成十一年十二月二十五日（土）発行

幼馴染みの友達（親友）いつもトボけた役割だった友達、プロレスごっこが大好きだった友達、中学時代野球部のバッテリーを組んでいた友達、数学が抜群に優れていた友達、トボけた三枚目的役割をこなしながらも、意思が抜群に強かった友達。

その意志の強さと正義感で国家試験最難関といわれる司法試験を目指した友達。その難しい司法試験を失敗した次の日には、一日中、付き合いなぐさめた事もあった俺。

「俺の家は貧しい、親父とお袋にこれ以上、迷惑かけられないから、働きながら司法試験を目指すしかないかなぁ？」と俺に相談してくれた友達。

俺はこう答えた「誰もお前が合格するとは思っている人はいないよ…だから合格するしか人に認めてもらえる方法もないんだ…両親もお前が合格する事だけを望んでいると思うよ」と冷たく言った俺。「司法試験一筋に取り組んできて駄目だったのに、今更二足の草鞋では合格など絶望的だと思うよ…だから今のままの状態で、もう一年頑張ってみろよ」と言った俺。その翌年、見事に合格…自分の事以上にうれしくて、うれしくてたまらなかった俺。

肩書が付いても初心忘れないでと願っていた俺。

スポーツ少年団　活動資料

当時、行っていた数多くの活動資料より、
一部資料を掲載致します。
スポーツ少年団認定員育成研修会を県
内各地域で開催いたしました。
（その他の地域開催　有り）

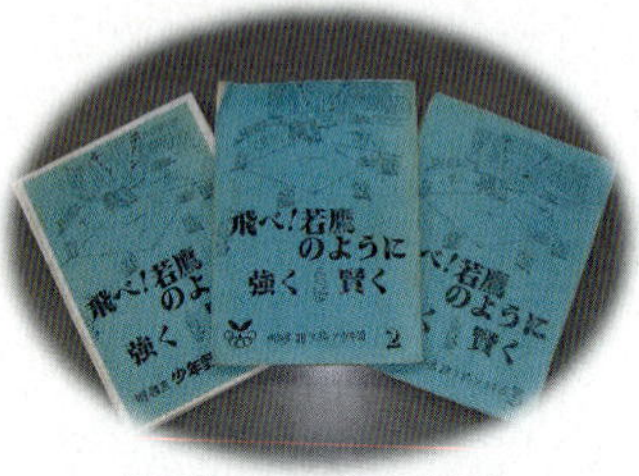

明和東 JB スポーツ少年団
文集：飛べ! 若鷹のように 強く賢く

平成9年12月13日
新田町文化会館・総合体育館

平成9年7月9日
群馬県生涯学習センター

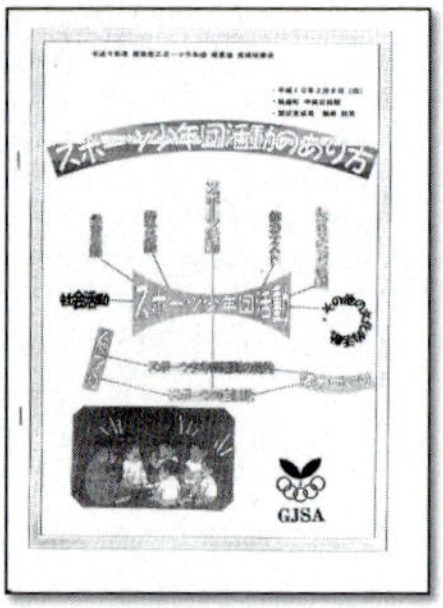

平成10年2月8日
板倉町　中央公民館

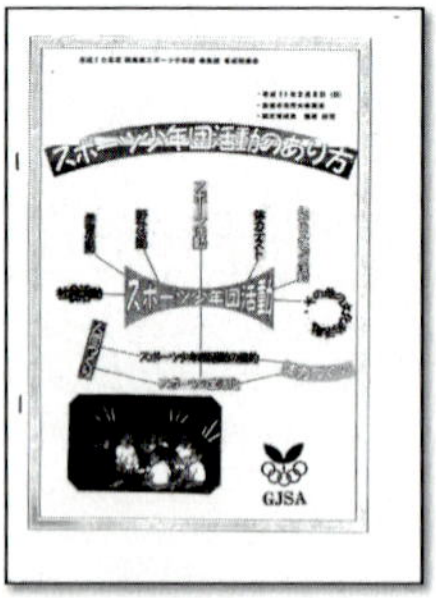

平成11年2月8日
前橋市役所大会議室

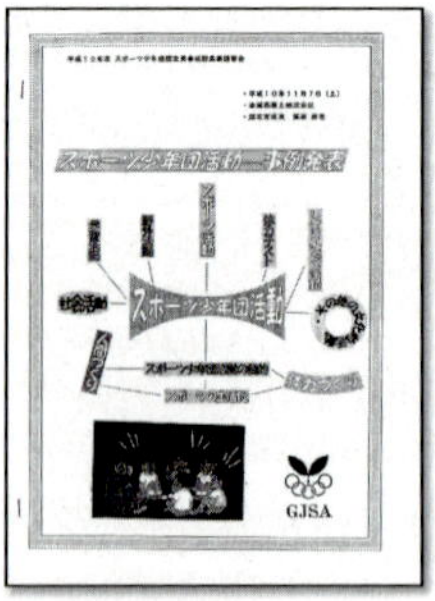

平成10年12月5日
沼田保健福祉センター

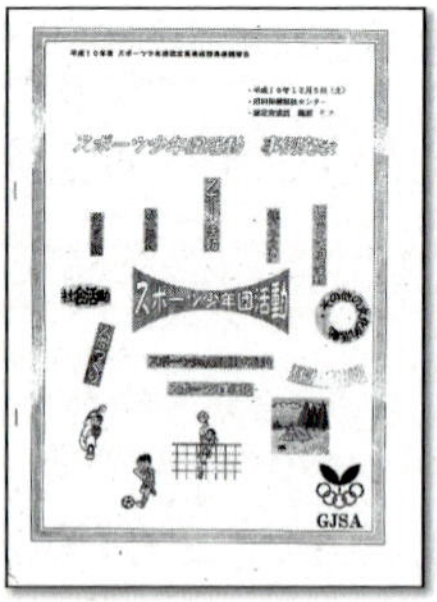

平成10年11月7日
赤城西麓土地改良区

①活動日誌の中から抜粋

昭和五十八年四月三十日（土）晴れ

昨日、デッドボールをうけた良も淳も元気に参加しているのを確認して、まずホッとした。上級生の練習が終了して、下級生中心に練習をした。最後に外野を守らせ一本ずつ交替でノックしてやり。五本フライを補給できた順にベンチに戻ってこいと指示をした。この練習でいつも最後の方に残る四年生の貴仁が意外と早く五本捕球できてベンチに戻ってきた。うれしそうに「ありがとうございました」という声も、いつもより弾んでいるように聞こえた。前日の早朝特訓の練習成果がでたのかと、嬉しく思った。

三年生の良が最後になった…良が三本目を捕れた時には、他の子供達は全員ベンチ前に戻り、外野には良が一人になっていた…上級生は良のうしろで、良の捕れないボールを補給する手伝いをしてくれていた…ある程度の時間も経過していたので「もうやめようかな?」と私も頭の中で思っていた。私のバットを持つ手のひらも長いブランクと連日の練習に血まめが潰れ、出血もしていた。一人だけ五本捕れずにやめてしまって、特別扱いされる良の事を考えると…やっぱりみんなと同じ五本捕らせてやりたいと思った…みんなと同じ事ができるんだ、という自信を持たせてやりたいと思った…良が動かなくても捕れるボールをノックしてやりたいと自分も真剣だった。

誰かが「良君！頑張れよ！」と声をかけた…しばらくして四本目が捕れた…五本目を捕ろうとした時、ボールが体の前に落ちバウンドして良の体にあたった…痛いのと、ボールが捕れない悔しさからか目から涙がこぼれているみたい…うしろにいる上級生から「頑張れよ、良君！」「頑張れ、良君」と声がかかる…ベンチ前の子供達からも「良君！あと一本だよ！頑張れ！頑張れ！」と自分のことのように声援がかかる。

私も「大丈夫か、無理するな、もうやめるか」と声をかけてみた。「お願いします」という良の声がかえってきた。それから何本目かに、五本目のボールが良のグローブに捕球された。うれしそうな小さな体が、私の前に全力で走ってきて「監督、ありがとうございました」と帽子を取りきちんと挨拶をする。その汗とも涙ともつかない黒く汚れた顔が輝いて見えた。チーム全員が喜び拍手している。ノックしていた自分も目頭が熱くなるのを感じながら「よく頑張ったなあ」と声をかけ、軽く右手を良の頭に触れた…最後まですごい頑張りを見せた良が、応援しながら練習を手伝ってくれた子供達が、そして何としてでも捕って欲しいとノックした自分が一つの心になって喜べた瞬間だったと思う…

しかし別の立場から、この様子を見ていた親や保護者がいたらどう思っただろうか…きっと、しごきとしか受け止めてくれないかもしれません。そして、まだこの時点では、自分でもやりすぎだったのかなあという気持ちも多少あったと思いますが…さらに驚き、嬉しかった事は次の練習日の五月三日の早朝特訓希望にいつも消極的だった良が誰よりも早く申し出た事でした。

「明和東JBスポーツ少年団に入部して」

三年　関口　良

ぼくは、入部していちばんへただと思っていました。へただからおこられたらいやだなと思っていました。でも、かんとくは「入部したばかりだからへたなのはあたりまえだよ」と言ってくれたので少しおちつきました。ボールがとれた時には「ナイスプレー」とか「うまくなったなあ」とかいってくれるのでうれしいです。うまくできた時にはせんぱいたちもはくしゅして「ナイスプレー」と言ってくれます。うまくできない時にも、せんぱいたちから「良君がんばれ」と声をかけられてがんばるぞという気持ちになります。ぼくもチームワークをたいせつにしたいと思います。

昭和六十二年四月発行

②活動文集三号から抜粋

「子供たちを見つめて成長を喜べる指導者、保護者に」

代表責任者（団長）　篠原　幹男

スポーツ少年団の指導者が青少年育成に大切なものは社会性と公共性です。そして指導者というなら、子供を良く知り教える内容と方法を把握し、教え方にも工夫をし、その反省もしなければなりません。指導者が子供に接して楽しいと感じなければ、子供達も楽しいとは感じないと思います。また、スポーツを通じて「知性」「技術」を身につけさせると共に社会性そして情操と精神を結び付けたものとして身体を育てることでしょう。ひとり、ひとりの子供の持っている「個性」「能力」「適正」「興味」を十分理解して、子供自身がひとりで伸びていくように手伝ってやることができればいいと思います。それには刺激を与える事、方向づけをする事、そしてもう一つは勇気を与える事です。「叱る」「ほめる」「教える」を手伝う事によって、子供達が伸びていく、その伸びていくのを見て何ものにも勝る喜びを感じられてこそ指導者や保護者といえるのではないでしょうか。簡単に「叱る」「ほめる」「教える」といいましたが、これをどういう時に、どういう形で使ったらいいかが一番大切だし、一番難しい事だと思います。

私達、明和東ＪＢスポーツ少年団は、多くの先輩団員やその保護者の築いてくれた基礎をもとにして、一歩一歩確実に前進していると思います…しかし現状では団生活を終わると活動から離れてしまうという事が多いと思います。

現在の活動をもっとしっかりした形にした上で、いつの日にか一期生からすべての団員や保護者と共に活動できるよう工夫したいと思います。そういう活動の場ができれば、地域で育った仲間達と生涯いつでも会える環境がつくれると思います。そうすることが地域の中で自分達の役割を多少でも果たせる事になるのではないでしょうか。

今、自分達大人が子供達を批判する前に、地域の保護者としての自覚を持ちながら、口先だけでなく体を通した活動を展開していけるよう地域の住民みんなで努力していけばいいと思います。そのためには、微力ではあるが自分自身も自分にできる範囲で精一杯の努力を惜しまないようにしていきたい。

③平成九年度スポーツ少年団認定員養成群馬県講習会資料から抜粋

認定指導員として
新田町文化会館・総合体育館
平成九年十二月十三日（土）

・今の世の中は「指導技術や肩書、学歴、資格」などより「子供達に接する心の持ち方」が最優先されるべきだと思います。
・スポーツ少年団の活動は、地域に住む、みなさんでなければできない活動である事はもとより「直接、子供達にふれあってくれる皆さん」をなくして考える事すらできない活動だと思います。
・ボランティアだからこそ「指導者は自覚を持つべき」である。ボランティアだからといって「恩着せがましくなったり、何をしてもよい」という事はないと思います。

・スポーツ少年団などの青少年活動で大切な事は

①純粋

②情熱

③平等に接する気持ち

④私利私欲のない気持ち

⑤口先だけでなく心と体を通したふれ合い

以上①～⑤の事は人なら基本的に誰もが持っている気持ちだと思うので①～⑤の気持ちを大切に取り組んでほしいと思います。

④平成十年度スポーツ少年団認定員養成群馬県講習会資料から抜粋

認定指導員として

沼田保健福祉センター

平成十年十二月五日（土）

・常に子供が主役活動、子供は指導員や親を引き立たせる道具や機会を作る場ではない事を再確認して取り組んでほしい。

・指導には、絶対これがよいという方法はないと思います…その時、その場、相手の能力等によって全て異なるので相手を理解してこそ正しい指導につながると思います。

・教える事はすべて自分でうまくできなくてもよいと思います…下手にやる事で子供の積極性を引き出せる事もあると思います。

・本気で怒ったら指導者の負けであると思ってほしい。

・真心はすぐに通じなくても、必ずいつかは通じるかもしれないと思います…私利私欲があっては真心とはいえないので通じるかどうかは難しいと思います。

・見返りは求めない愛情、見返りなど期待しない愛情…常に私利私欲のない真心で子供達に接する事。それが原点と考えて活動に取り組んでほしいと思います。

⑤平成十年度群馬県スポーツ少年団母集団育成研修会から抜粋

認定指導員として

前橋市役所大会議室
平成十一年二月八日（日）

「義務教育である学校教育と自主活動であるスポーツ少年団の違い」

義務教育である学校教育は、ほぼ全面的に学校や先生に任せるのが基本だと思います。自主活動とは共通の考え方や共通の目的を持った人達が誰かに命令されたり無理矢理活動するのではないのが基本的な考え方だと思います。地域の子供達や保護者で活動するスポーツ少年団は、学校に例えれば指導者や保護者が先生の役割を果たすのだと思います。つまり、自分の子供達に対する愛情は誰にも負ける訳ないのです。

指導知識や技術では負けても、子供達を思う愛情では負ける訳ないと思いませんか…？　だから地域の子供達や保護者で取り組み、ふれ合う自主活動は、ある意味で聖職意識を失いつつあるかもしれない義務教育とは別の意味での大切な部分もあるとは思いませんか…？

「自主活動の指導者として子供達との接し方について考える」

世間一般には、子供達と同じ目線でとか、同じ立場になって接する事が大切ではないかと専門的な人からも良く言われていますが…

私の考えは、子供達が三の力量だったとしたら、子供達と同じ三の力量（立場）で接するだけでは指導者として問題があるのではないかと思います。

また、子供達に三の力量しかないのに十以上の力量（立場）で接するだけでも問題があるのではないかと思います。

子供達が三の力量だったら…子供達よりほんの少し上の四くらいの力量（立場）で接する事が必要だと思っています。

子供達と接する事は…子供達からほんの少しだけ憧れられる…僕も頑張れば追いつけるかもしれない…兄貴の様な親近感的存在感も大切な事だと思います。

子供達からこの人と友達だと対等にふれあうだけでは指導者としては問題だと思うし…この指導者は雲の上の人だと思われてしまうのも問題だと思います。

技能も頭脳も追いつかれそうで追いつかれない力量（立場）での指導も大切だと思い

ます。

この事は全て私の考え方で正しいか…正しくないのかは分かりませんので皆さんに参考になる部分があればいいなと思い話しました。

3　著書『直実』のまえがきの部分から一部抜粋

平成十一年十一月一日　文芸社から発行

・成人式も無事にすみ、振り袖姿も鮮やかに記念写真におさまった直実
・将来の進路を考え、ボランティアでお年寄りの慰問活動をはじめた直実
・その将来への夢をキラキラと澄んだ大きな瞳を輝かせて、熱く語っていた直実

その直実が平成十年三月十七日早朝、信じられない悲惨な出来事。今でも誰もが信じられない、これからもずっと信じたくない出来事でした。でもその日、忘れたくても忘れる事のできない辛い、悲しい出来事になってしまったのも現実でした。

規律正しくハキハキしながらも、優しくて、明るくて笑顔のきれいだった直実、もうその直実は私たちの前に戻る事のできない人になってしまいました。

今度の直実の事故から命の大切さを、そしてその命はあなた一人のものではないということをわかっていただき大切にしてほしいと思います。最愛の我が子「直実」を失い、一時は生きる望みさえ絶たれた二人が「直実の分まで皆さんに幸せに生きてほしい」という心境になることは簡単なことではなかったと思います。そこには二人をとりまく皆さんの温かい真心があり、その真心に支えられて、生きる望みも取り戻し…直美の分まで皆さんに幸せになってほしいという心境になれたのだと信じて疑いません…

目に見えない「心」という大切なものが失われつつある現在の世の中で…皆さんの「真心」が、生きる望みさえ失いかけた明、美知子の両親の気持ちを立ち直らせ、そればかりでなく皆さんのしあわせを心から願える気持ちになれたのも、皆さんの真心のおかげだと思います…

「こんな悲しみや、苦しみ、誰にもさせたくない。そして直実の分までしあわせに生きてください」…そんな願いと皆さんへの感謝の気持ちを込めながら、この「直実」が作られました。本に対する知識もない素人の私たちが作った粗末な一冊の本。本といえないかもしれませんが同じ過ちは繰り返してほしくない。直実の分まで皆さんに幸せになってほしいという願いと真心を込めているつもりです…

美知子が泣いた、明が泣いた、俺も泣いた
直実の悲報に、その現実に、涙がかれるほど泣いた
悲しい、つらい、苦しいだけだった…あの時の涙
明日からどうしようって…何も見えない、何も感じられない、自暴自棄の涙だった
今度の美知子の涙も、明の涙も、俺の涙も、あの時の涙と少しだけ違う

何かを感じるみたい、涙にかすれていても、うっすらと見える…
人の心の温かさや、人の心の優しさで、涙への思いも変わるみたい…
いま…直実の追悼文集…もう少しの三人…

4　篠原幹男が考えた主なキャッチフレーズ集（どこかにあったら御詫びします）

①社訓

経営は戦いである
・自分との戦い中心

◇一致団結（力の倍増）
◇自浄能力（初心と向上心）
◇自己の役割、社会の役割（信頼関係、自主性）

②製品追求

地球を守る
水を大地に
自然環境を守れる

製品追求

③リーダーの役割

◇各々特性を活かしたうえでの一致団結は、力を倍増させる効果がある。
◇他の人の価値や努力、苦労を理解してこそ、自己の反省や向上に役立てる事ができる。
◇業績を数字だけで語るのは簡単、業績の源になる環境や、携わる人、一人一人を理解して、更なる自主的に取り組む姿勢を促すことも大切。
◇周囲の環境の変化が激しい中で、的確な判断は難しいが、その時々の最善の判断を探し、決断をしなければならない。

◇自分を信頼し、部下を信頼しなければ未来の構想は難しい。
◇初心、忘れるべからず…（初心は変わる事もあるかもしれない…一番、苦しいと思った時を初心と考えたとしたらそれ以上の苦しい事があった場合には初心は変わるかもしれない…）初心とはそれぞれの人が異なると思うが、大切なものであってほしい。
◇自浄能力も大切だと思う

④キャッチフレーズ集

・馴れ合いは…人（相手）から嫌われない対応かも知れないがそれだけかも知れない
・本音で接する事は大切かも…でも嫌われる事もあるかも知れない
・人（全員）に嫌われたくない気持ちは誰もが持っている…でもお互いの価値観が希薄になるかも知れない
・人との接し方に絶対という事はない…相手を優先的に理解して対応する事も大切かも知れない
・相手を理解して…初めて相互理解につながるかも知れない

・人から受けた親切を…返したいと思う気持ちが心の大切さを思い出すかも知れない
・いじめ問題にも…心の大切さは必要なのかも知れない
・知名度や肩書が付くと…初心を忘れる事が多いかも知れない
・真心とは…いつか理解される事もあるかも知れない
・真心とは…人の心を変える事もあるかも知れない
・私利私欲があっては…真心とは言えないかも知れない
・どんなに自己中心的な人でも…人の心の優しさを感じる事もあるかも知れない
・自己の成長（反省）のために…自浄能力は大切なことかも知れない
・心の活性化…自己成長に大切かも知れない
・チャレンジ…自己の活性化は大切かも知れない
・チャレンジ…組織の活性化は大切かも知れない
・地域の活性化や地域づくり…地域の自主性を育成するためにも大切かも知れない
・人と人との交流にぼく（ゆるキャラ）を活用してね…地域の活性化やアピール活動に大切かも知れない
・忘れかけていませんか…心の大切さ

・忘れかけていませんか…初心の大切さ

第八章

「人が忘れかけているかも知れない…心の大切さ」を取り戻す機会にチャレンジ活動の現在までの経緯について

環境ポラコン株式会社　常務取締役　大越正将　担当三十三歳

会長を中心とした私達の地域のゆるキャラを活用した「人が忘れかけているかもしれない…心の大切さ」を取り戻す機会にチャレンジする活動はまだ始まったばかりです。

1

当社は原則的にゆるキャラ製品の販売は控えておりますので、社名PR、製品販売は一切目的としてはおりません。この活動は私利私欲のない気持ちが原点です。

2

地域のゆるキャラを活用した「人が忘れかけているかもしれない…心の大切さ」を取

り戻す活動の現在までの経緯を簡単に説明させていただきます。

①現在までの当社の無料プレゼントの実数は、行政、会社、個人を含めて二百件は超えています。

②設置された方の中から、心のこもったと思われる礼状を送付してくださった方は十件ありました。礼状はともかく設置時のお礼の気持ちは全員（一〇〇％）の方からいただきました。

③現在の社会は人の心も含めて悪化する一途だと思います。そんな悪化し、乱れている現状では私利私欲のない活動といっても九九・九％以上は理解されないどころか、何か裏があるのではないかと、誤解される部分が多いと思います。私達も九九・九％以上は理解されないであろうと思いながら始めた活動でした。

④「人が忘れかけているかもしれない…心の大切さ」を多少でも理解していただけ

た方から、心のこもった礼状が現在までに十件、私達に届いています。つまり、九九・九％以上理解されないだろうと思っていた数字が九〇％に減ったのかもしれないと思います。少なからず、一〇％くらいの人は「人が忘れかけているかもしれない…心の大切さ」を多少でも理解して、良い意味で礼状という形で実行してくださったのだと思うと、勇気づけられ、嬉しい気持ちと、励まされたという気持ちになりました。

⑤私達は微力な上に人脈も知名度もありません。そんな私達にとって、この一〇％の方々の気持ちはとても嬉しく感じながら、一〇％を少しでも増やしていけるように初心の気持ちを忘れず、活動に取り組んでいけたらと思っています。

⑥地域のゆるキャラを活用する活動は、その地域にしか出来ない小さな活動かもしれませんが、地域の人々の笑顔につながる地域づくりを目的にしている活動です。

⑦地域のゆるキャラの設置時点から地域の貢献活動にもつながっているという事をいくつかの行政側も理解して、行政と住民の一体活動や行政と住民の信頼関係の構築に役

立ってくれたらと考えての活動です。

まとまらない文章ですが、以上の観点からこの活動を理解していただき、御意見やアドバイスをいただけたら幸いです。

当社（環境ポラコン株式会社）ホームページも参考にして欲しいと思います。

第九章

活動に対する感想とアドバイス

①明和町　町長　冨塚基輔　様

ゆるキャラ本発行に際しての寄稿文

会長の篠原幹男様をはじめ、グループ会社の皆さまにおかれましては、2016 年春から、独自のコンクリート製品の製造技術を活かし、キャラクター制作を無償で行い提供する、地域貢献活動を群馬県内で幅広く行われております。地域への熱い思いと多大な貢献に、深謝し感服するばかりでございます。

その一環として、昨年には、明和町のイメージキャラクター「メイちゃん」の大型モニュメントを制作し当役場へ寄贈してくださいました。町民の皆さまにも大変ご好評いただいており、特に子どもたちからは大人気です。その人気ぶりは、大感激して写真を撮ったという手紙をいただくほどです。

そのほかにも、子どもから高齢者まで多世代の交流拠点であるふれあいセンタースズカケ・ポプラや、町の玄関口である川俣駅前にある駅前プラザメイちゃん家など、多くの公共施設にメイちゃん像を設置していただき、町民の皆さまはもちろん、来町されたかたからも愛されております。「メイちゃん」のフォルムは、町の特産物の梨をイメージしており、全体的に丸みを帯びております。この丸みがある難しいフォルムを卓越した製造技術により見事再現されており、さらにそこにはコンクリート製とは思えない温かみと親しみを感じます。

こうした活動は、地域住民の我々にこの町の良さを伝え、また、郷土愛を湧かせてくださり、にぎわいの創出や笑顔が絶えないまちづくりに繋がっていきます。これは、私の目指す「住んでよかった　ずっと住み続けたい明和町の実現」にも共通します。

当町といたしましても、持続可能なまちづくりを行うにあたり、企業誘致による財政力の向上と昼間人口や交流人口の増加を推進し、川俣駅周辺への商業施設や医療施設の進出に繋げ、町の中心から賑わいと活気を創出していきたいと考えております。また、定住化を促進するために「Mターン支援事業」や㈱ＪＴＢと「地域総合交流協定」を結ぶなど、明和町の魅力の発信と人口増の活性化対策に力を入れており、今後もより良いまちづくりのために邁進してまいります。

結びに、これまでのご活動に対し、敬意を表するとともに、篠原様そしてグループ全体の皆さまが今後益々ご活躍とご発展をされますようご祈念申し上げます。

明和町長　冨塚もとすけ

明和町長 冨塚基輔様

前略

先日は私達のために貴重な時間をとっていただきありがとうございました。
また、ゆるキャラメイちゃんの設置等を含めて常日頃、大変お世話になり厚く御礼申し上げます。
更には、今回の本発行に際して素晴らしい内容の寄稿文にも心より御礼申し上げます。色々な面で本当にありがとうございました。

冨塚町長とはお会いさせていただくたびに温厚な飾らない人柄や人徳の豊かさ、人に対しての優しい心配りには、町長としてだけでなく、人としての度量の大きさを感じさせられています。
人柄の豊かさの中には、純真な少年の頃のよい意味での遊び心等も感じさせられています．．．その冨塚町長の遊び心に親近感を感じて失礼な部分等も多い私を寛大な気持ちで許していただけたらと思います。

私の人生も残り少ないとは思いますが、今後共、御指導、御鞭撻等宜しくお願い申し上げます。

素晴らしい感想の文面に心より御礼申し上げます。ありがとうございました。

シノコングループ
篠原幹男

平成30年6月2日

②板倉町　町長　栗原　実　様

「代価を求めず思うことを淡々と実行」の素晴らしさに触れて

板倉町長　栗原　実

昨秋だったでしょうか。当町イメージキャラクターを担当する職員よりお隣の明和町に所在の篠原コンクリート様から「コンクリート製のいたくらん」を寄贈したい、運搬から設置まで無償であり、その他迷惑は一切かからないとのことでした。正直「タダより高い物はない」との諺がありますように、寄贈者の意図は何なのかということが頭をよぎりましたが「自治体、公的機関ということは百も承知しており、何の迷惑も掛けない」とのことでしたので、ありがたく意を尊重し、受諾の返事をいたしました。

この経過の中で初めて当企画の中心である篠原コンクリート、環境ポラコン両社の会長である幹男様と督人社長様にお会いし、地域活性化の役に立ちたい、ボランティアの精神を含めた幹男様の今日あることへの感謝、置かれた立場で出来る社会協力等々のお話しを交換をさせていただき、なる程、真似の出来ない理論と精神をお持ちになる方と敬意を感じた次第であります。以来、大・小2体のいたくらんをお持ち頂き、役場の玄関の外と内にそれぞれ飾らせていただいています。もちろん私を始め職員も来庁者の皆様も毎日いたくらんに迎えられ、退庁時には送られている日々がもう半年間も続いています。新庁舎の落成の時には当町のイメージキャラクターとしてそちらに引っ越していただこうと思っています。私として心残りなのは誰に寄贈いただいたのか表示出来ないことですが、会長、社長様共々辞退の意をお持ちでしたのでその様にさせていただいています。時折町民の目に留まりお褒めの言葉をいただく度に会長様を思い出しています。

平成30年5月18日、上毛新聞に関連記事が掲載され、現在明和町のメイちゃん、県のぐんまちゃん、館林市のポンちゃん、の4種類合わせて県内200体を突破されたとのこと、更にこの意思を全国的に拡大していきたい旨の会長の幹男様と社長の督人様の活動に拍手を送りたいと思います。

この度、地域のオリジナルキャラクター活用の制作配布活動をまとめた自作書の出版を計画しているお話しを伺う機会を得て、政治家や行政、そして地域企業や住民それぞれだけでは出来ない、今の時代に忘れ去られようとしている「人々の連携や初志貫徹」を問うべく実践を通して捨て石になるつもりで頑張りたいとの強い意志を感じました。今後の活躍を期待申し上げますと共に、その心情を私も見習わせていただき、町長職の責任を全うしなければと思った次第です。

板倉町長

栗原 実

板倉町長　栗原実　様

拝啓

空を行く雲が白く鮮やかです．．．先日は栗原町長様にお会いさせていただき明るい夏空の様な清々しさと元気な気持ちを感じさせていただき嬉しく思っています。


また、5 月 24 日には私達にはもったいないと思える感想の言葉をいただき感激の気持ちで一杯でございます。

弁舌爽やかなのは、会うたびに感じていましたが．．．

文章までも素晴らしく、私達ごときが出版などする事が恥ずかしく感じてしまいました。

私達が一番求めていた正直な感想が特に嬉しく感じました。

「こんな活動をして何か裏があるんじゃないか？」という部分を「タダより高い物はない」という諺で表現してくれている事．．．こんな表現を立場のある栗原町長がしてくれた事にびっくりしています。

何か裏があるかも知れないと思われる部分が多少でも理解してもらえるかもしれないと思っています。

上毛新聞社の担当者の早とちりの部分に全国的に拡大していきたいという部分がありましたが．．．私達はそんなだいそれた気持ちはありません。

今、自分達にできる事だけを精一杯に取り組みたいと思っているだけです。

栗原町長から御叱りを受けるかも知れませんが．．．私利私欲のない気持ちが原点の活動ですから．．．出来る所まで精一杯頑張れたら「いいや」という安易な気持ちもあると思います．．．その点については、許して下さい。

ですから、栗原町長様に過大に誉められるのはとても恥ずかしく心苦しくも思っています。


自分の人生もそんなに長くはないと思いますが、今後共、御指導、御鞭撻を心よりお願い申し上げます．．．またお会いできる機会を楽しみにしております。

本当に素晴らしい感想の言葉に心よりお礼申し上げさせていただきます。

有難うございました

シノコングループ　篠原幹男
平成 30 年 5 月 26 日

③館林市　市長　須藤和臣　様

発信元：ﾀﾃﾊﾞﾔｼｼ ﾋｼｮｶ　電話番号：0276745230　2018. 6. 1 10:36 P. 1

30. 6. 1

ＦＡＸ送信状

篠原コンクリート工業株式会社
会長 篠原幹男 様

お世話になっております。
ご依頼のありました著書出版のお祝いのことばをお送りいたします。
お返事が遅くなり申し訳ございません。
今後ともどうぞよろしくお願いいたします。

発信元：ﾀﾃﾊﾞﾔｼｼ ﾋｼｮｶ　電話番号：0276745230　2018. 6. 1 10:37 P. 2

ビジネス界を筆頭に昨今は、コミュニケーション能力の高さが求められている。一般的に仕事上、評価されるコミュニケーション能力とは、交渉術のようなものであり、相手に好印象を与えるためのスキルであったり、人の心を自分に有利な方へ誘導するテクニックであったりする。何ともえげつない話ではないか。

篠原氏の愚直なまでに誠実なお人柄はまさに、こうした世間の馴れ合いに激しくＮＯを突きつける。人が人を尊敬し合う関係をもちえる中で、私たちはもっと正面きっての真実のコミュニケーションを持つべきではないか。そんな彼の魂の叫びが、この本にはたくさん詰まっている。

社会へ一石を投じる彼の強さと、郷土への深い愛、そして人々への優しさに、心から敬意を表したい。さらなるご活躍をご祈念申し上げ、著書出版のお祝いのことばとさせていただきたい。

館林市長　須藤和臣

御礼状

館林市長　須藤和臣様

拝啓

近づく夏の青空の様な、力強さと爽やかな好印象をお会いするたびに須藤市長から感じさせていただいております. . .
また、そのたびに私自身の愚かさを感じています。
今回の須藤市長様の感想の文章の中からその聡明さが見事に表現されていると感動させられてしまいました。

文章の冒頭から 4 行目までは. . . 私自身が反省しなければいけないピッタリの表現力だと痛感させられましたが、. . 正直に言って「何ともえげつない話ではないか。」という表現方法や意味は私にはまったく理解できませんが, . . 須藤市長への謝礼文という事を最優先と考えて今回はこのようにまとめさせていただきました。

◇言い訳的にはなりますが. . . ◇

1. 零細企業の経営者はこのくらいの対応力もないと経営などできないとも思いました。

2. この冒頭から 4 行目までの部分について低能な私に、もっとはっきり理解させる事も必要な事だと思いました。
例えば市の3～5年後のことを誰よりも理解しているのは市長でなければならないと思います。
・私達はその日、その時の事しか理解できないかもしれません. . .
・特に私のように無理解で無能な奴には多少強引でも、多少反感を買う事があっても. . . 5 年後の市政のためになるなら、良い方向に理解させる説得力もトップリーダーの役割だと思います。

3. 冒頭から 4 行目まで市長様の表現通りの自分だったと痛感もしていますが. . .
この活動に対する私の気持ちはかなり違うかもしれません。
つまり、冒頭から 4 行目までのよい部分を活用して活動に取り組んでいると思います. . .
そうでもしなければ現状の世の中でよい波紋など起こせないと思っています。
諺にもあるように「清濁併せて呑む」度量もなければ. . . でも私にはそんな度量はひとかけらもないので現実活動を通して対応するしかないのです。

次の様なことを言うと須藤市長をはじめ多くの人々からは投げやりな奴だ。と批判され、御叱りを受けるかもしれませんがこの活動は私利私欲のない気持ちが原点の活動ですから．．．できるところまで精一杯頑張れたら「いいや」という安易な気持ちも私にはあると思います．．．その点については許して下さい。

そんな気持ちを持った私ですので 4 行目以下の表現は過大すぎる誉め言葉も多く恥ずかしく恐縮させられる部分が多いと思いながらも．．．無能な私は素直に嬉しさも感じさせられています。

本当に素晴らしい感想の言葉をいただけました事に心より御礼申し上げさせていただきます。ありがとうございました。

今後共、御指導、御鞭撻をいただけます事も心よりお願い申し上げます。

シノコングループ
篠原幹男

平成 30 年 6 月 11 日

④群馬県議会議員　後藤克己　様

「不動の信念」に敬服

群馬県議会議員　後藤克己

私は、篠原幹男さんと同じ明和町下江黒に生まれました。小学生の時、幹男さんが結成した「明和東少年野球クラブ」の創設時のメンバーとして２年間指導を受け、その後も折に触れて私のことを気にかけてくださり、私にとっては「父」のような存在です。また、３人の息子さんとも、兄弟同然の付き合いをしてきた間柄です。

幹男さんは、当時から会社経営の傍ら、青少年の健全育成をはじめ、様々な社会貢献活動にも熱心に取り組まれていて、その信念・バイタリティーには、今の私も大きく影響を受けております。

先日、幹男さんが地域のイメージキャラクターを活用し、「心の大切さ」を取り戻す活動をやりたいという話を息子の幹幸さんから伺ったとき、「幹男さんらしいな」と思いつつも、どこまで本気なのか正直不安ではありました。

しかし、上毛新聞で大々的に広告を出し、そこに純粋なメッセージを真っ直ぐに込めている内容を見て、「これは幹男さんの人生をかけた活動だ」と確信しました。ただ、この世知辛い時代に篠原さんの真っ直ぐな思いを受け止める人がどれだけいるだろうか心配をしていましたが、その心配は杞憂に終わりました。その後、幹男さんより、多くの方がその思いに共感し応募してくれた。そして、設置後に心温まる礼状をいただいたという報告を聞いて、私も胸が熱くなりました。

私の座右の銘に「大善は名に近し、小善は徳に近し」という言葉があります。政治家はついつい大きなことを言って名声を高めたがる傾向がありますが、これに対し、誰にも見向きもされることのない「小さな善行」にこそ徳に近づく道があるのだと諌めてくれる言葉です。私もこの言葉と出会って以来、毎朝の街頭演説の際に必ず「小さな善行」として、周辺のゴミ拾いをしています。

幹男さんの活動はまさに「小善」であり、社会に大きなインパクトこそ与えないかもしれませんが、その活動に触れた人々の心には必ず幹男さんの信念が伝わると思います。その小さな活動の積み重ねがやがて社会を良い方向に導くことに繋がっていくことを確信しました。同時に、これこそ、私たち政治に携わる人間こそが本来取り組まなければならない活動かも知れないことに気づかされ、私自身も「心の大切さ」を取り戻した思いです。

最後に、幹男さんの「不動の信念」に心より敬意を表しますとともに、今後も、思いを共有する人々の輪を一層広げていただくことを心より祈念いたします。

御礼状

群馬県議会議員　後藤克己様への礼状

前略

　御忙しい中にもかかわらず、私達の本の出版に対する感想とアドバイスをいただき感謝の気持ちで一杯です。有り難うございます。

　大人になり、立派な肩書のある立場になっても礼儀を大切に考えて、義理人情の厚い克己だなあと深く感服しています。

　近くに住んでいた君が朝もや未だ消えない中、走って私のところに来ましたね。

　夏休みの早朝、君と二人よくピッチング練習をしましたね。

　とても素直な初々しさ一杯の君でした…負けず嫌いな一面もありましたが、誰からも「ごっくん」と呼ばれる人気者でした。

　その頃のよい面影を残したまま成長しましたね。

　頭脳明晰、容姿端麗、弁舌爽やか、素直で実直な人柄、義理人情を大切にする、ケチひとつ見つける事のできない度量も豊かな人になりました。

　そんな克己に先日お会いした時に私ごときが「政治家を目指した頃の初心を忘れるな」

と言ってしまった事に恐縮な気持ちで一杯です。
君は忘れているかもしれませんが…君が小学校六年生の時、私と約束した君の自筆のメモを思い出して「初心」という言葉を言ってしまったのだと思います。その君の書いてくれた自筆のメモを公開してしまいますが許して下さい。

今後共、時々この
メモを思い出して…
肩書がついてもこの
「初心」を大切にして
ください。

THANK YOU

☆小学六年生　後藤克己君の直筆メモ☆

篠原 幹男 様

僕は将来世の中のためになる
政治家になることを約束します。

昭和61年3月24日
明和東小学校 6年 後藤 克己

☆小学六年生　後藤克己君☆

⑤「人が忘れかけているかもしれない…心の大切さ」を取り戻す機会にチャレンジする活動への感想とアドバイス

株式会社山幸　会長　山岸昭吾

シノコングループ三社の創業者であり現在は会長である篠原さんが「人が忘れかけているかもしれない…心の大切さ」をテーマにした本を書き始め、近々完成するという話を聞き大変、楽しみにしています。なぜなら一年ほど前に私と福祉とボランティアの在り方、進め方について激論を交わしました。その時、篠原さんの思いやり、福祉への考えを理解できなく、所詮自社の宣伝と自己アピールにしか過ぎないと思っていました。ところが活動を始めて一年、篠原さんが真剣に真心を込めて活動している姿を知り、自分自身、人間として男としての度量の小ささを痛感させられた次第です。この度、活動の集大成として書かれた本、読者の心に強く感じさせる作品になることでしょう。楽しみにしています。

御礼状

株式会社山幸　山岸昭吾会長からの感想とアドバイスに御礼と感謝の気持ち

私と山岸会長とは、ヤマちゃん、シノさんと呼び合うほど親しい間柄だと思っています。四年程、先に生まれた私を、時には先輩と呼んでくれる時もあります。この活動（検討と企画を含めて）初期の頃…何かの機会の折に「ヤマちゃん！こういう活動を考えているんだよ」と話した時にヤマちゃんから次のように言われました。

シノさん「格好つけすぎだよ」とはっきり言われました…そんな活動なんか一〇〇％理解する人なんかいないよ」とけんもほろろに対応されてしまいました。ヤマちゃんは私の知る限りの人の中では、経営観念が人一倍鋭く秀れた才覚をもっている人でした。株式会社山幸という会社の創業者で現在は百八十名以上の従業員をかかえる地域では大会社といわれています。

自分自身でもこの活動は、現状の世の中では九九・九％以上は理解されないだろうと分かって始めた活動でした。商才に人一倍秀れた感覚を持つヤマちゃんに「格好つけすぎだよ」といわれても当然だと思っていました…でも誰よりも俺個人を理解してくれていると信じていたヤマちゃんに一〇〇％と指摘された事で改めて、この活動は難しいという事を再確認させていただいたのも事実でした。

活動を始めて（のぼり旗立てゆるキャラぽんちゃんが何とか完成した頃）二〜三ヶ月経った頃でした…ヤマちゃんが「シノさん！あの時、俺の言った事には今も少しも変わりはないけど…理想論だけなら俺にも〇・〇一％くらい理解してやりたい」と言って自社（株式会社山幸）の正面入り口にいたくらんのゆるキャラを設置して自社のアピールを兼ねて、地域板倉町をアピールする事ができたら嬉しい…「シノさん、実物大のいたくらんが創れるなら頼む」と言って、高価なゴム製のいたくらんを注文されました。注文してくれたヤマちゃんの気持ちはとても嬉しかったが…その時点ではいたくらんの実物大の注文など考えてもいなかったし…いたくらんを作る原形の型枠でさえ想像もできない状況でした。でも、私とエモさん（型枠職人）は、このいたくらんがこの活動の第一歩だと考え、二人は猛烈に悩みながら原形型枠の製造に取り掛かりました。この超難しい対応ができたのは、エモさんがいたからです…自分の分身的存在のエモさんがいなかったら、こんな難しい第一歩など踏み出せなかったと思います。また、ヤマちゃんがそんな状態の私達に敢えて依頼したのは、駄目でも仕方がないという度量の大きさだったと思います。この初期のヤマちゃんとの色々な意味を含めた、このひとつの出来事がなかったら、この活動さえ続けられていたかどうかもわかりませんでした…自分には、私利私欲のない気持ちを原点とした活動なのでやれるところまでやればいいやという安易な考えもあったからです。実物大のいたくらんが完成して設置できた喜びはありましたが…ヤマちゃんの反応が一番気になっていました。そのヤマちゃんが半分以上社交辞令も含まれていると思いますが…一応喜んでもらえたようでした。地元の人達からもヤマちゃんに称賛の声が届いていると聞いてまた地元のアピール活動にも役立っていると励まされて多少なりとも勇気づけられたのも偽らざる事実でした。今回のヤマちゃんからの感想を読ませていただいて一〇〇％理解しないと言われた時から五％前後は理解してくれたのかなとも勝手に思っています。

でも私は、この活動に関しては福祉とかボランティアという感覚は一切持っていません…

①政治家だけでもできない事
②行政だけでもできない事
③地域企業や地域住民だけでもできない事…

そんなできないだらけの事も①②③の人達が多少なりとも理解しあって一体化できたら、心の大切さを思い出すくらいはできるかもしれないと考えての活動です。社会は人と人で成り立つものだと思っているから…

ヤマちゃんの行為（好意）はその一例だったかもしれません。

そして「ヤマちゃんが活動の集大成として書かれた本」と表現してくれている部分がありますが…この部分についても集大成どころか未だ始まったばかりの活動と訂正させて欲しいと思っています。

ヤマちゃん、かなり無理しているかもしれない感想とアドバイスありがとうございました。

シノより

⑥「篠原会長と活動に思う」

松島興業株式会社　代表取締役　松島貴之

私が初めて会長と会ったのは二〇一六年十月五日でした。私は大学を出て父の経営する会社で働いていました。父の経営する会社は地元のほとんどの銀行に相手にされない状況で資金繰り等を含めて経営困難な状況でした。私は会長の長男の幹幸さんとは以前から親しい友人でした。幹幸さんに自社の経営状況の困難な事も相談していました。「よかったら、一度私の父に会って相談してみるかい」といわれ藁にも縋る気持ちで「頼む、会長に会わせて欲しい」とお願いしました。はじめて会長に会って、相手の事を最優先して考えてくれる人だとその度量の大きさに感銘してしまいました。会長と話をさせていただいて経営の難しさ等を教えていただきました。君の会社は業種を含めて考えると、現況では人手不足になるのが当然なのに人が集まるのは陣頭指揮をしている君の魅力が全てだと思うと、誉めてもいただきました。二、三日後、会長が根回ししてくれて会長と幹幸さんに同行してもらいA銀行に相談に行きました…どこの銀行も相手にしてくれなかったのでダメだろう、と思いました。ダメだったら会長に迷惑をかけてしまうとは思ってはいましたが会社の経営状況を考えるとその事を考える前に対応するしか選択の余地はありませんでした。相談にのってくれたのは支店長でした…決算資料等を見ながらいくつかの質問の結果、支店長がこの状況だと三千万円は必要ですね、と言って三千万円融資してくれるとその場で言ってくれました。他の銀行では融資など断られていたのでびっくりしてしまいました…ただ三千万円融資する条件としてこの税金の納入書だけは必要ですと提示されました。その税金額は数百万円でしたが今の自分達には「その数百万円のお金さえ工面するのが困難な状況でした。その時会長がその数百万円は俺個人のお金を無担保、無利子、返済期日なしで都合するから頑張れよ」と言われたのにもびっくりしてしまいました。

後日、父である社長と会長のもとに御礼に伺った時、私は社長さんよりもせがれさんを信じて都合しました…できればせがれさんに早く社長の立場を任せてあげてください、と父に会長が言いました。その会長のおかげで現在の会社の経営は順調になっています。会長にもA銀行からの融資を受けて返済させていただきました。現在は、父の後を受けて代表取締役社長という立場で頑張っています。

会長との出会いからこの事に関して一切の嘘やお世辞等はありません。私は会長の人柄と度量の大きさに感動して会長が出勤する午前七時前後に二、三カ月に一度は勉強と御礼を兼ねて訪問させていただいています。会長は必ず「別の世界に行く前に、義理人情の厚い君に会えてうれしい」と言って歓迎してくれます…会長に会うと何故か頑張るぞという気持ちにもなります。今、会長が取り組んでいる「人が忘れかけているかもしれない…心の大切さ」を取り戻す活動に私もできる限りの応援をしたいと思います…特に自己の活性化と組織の活性化の部分は経営者にとって大切な事だと思っているので、私もチャレンジします。私の現場にも会長が製造してくれた地域のゆるキャラを設置しました。自社のアピール同様に地域のアピール活動に少しでも役に立てたら嬉しいと思いながら毎日現場でゆるキャラを見て自分の気持ちを引き締めて頑張りたいと思います。

御礼状

松島興業株式会社代表取締役松島貴之様の感想とアドバイスに御礼と感謝の気持ち

貴之さん、君は経営者としては、全てに正直に表現しすぎていると思いませんか…？

会社を経営する経営者は、全て正直でなくてもよいと思います。第三者の中には君の正直な表現を悪く考える人も多いと思います。悪く取られるという事は君が今、背負っている松島興業株式会社にとってはマイナスになってしまうかもしれません。

世の中には、はったりだらけの人も多いのに君のように正直すぎるのも問題かもしれません…貴之君個人ならともかく…会社を背負う代表取締役ですから…

今後は取締役として会社のマイナスになるかもしれない事には十分注意して対応して欲しいと思います。

でも私は、貴之君のその正直さが大好きです。今回の様に正直に表現する事はできそうでなかなかできない事だと思います。ある意味では人としての度量の大きさを感じています。そういう見方をしてくれる人もいるかもしれないと思い文面を一行一句変えることなくそのまま記載させていただきました。

私は、初めて長男幹幸を通して君に会った時から親密感を感じていました。君には迷惑かもしれませんが自分の子供同様の親しみも持っていました。君の今回の、この正直すぎる表現力に対して更なる信頼感と好感も感じています。君の正直すぎる表現力に改めて感激し御礼申し上げます。

今後共、幹幸、私と御世話になる事の方が多いと思いますが宜しくお願い致します。

⑦「活動と篠原会長に思う」

株式会社メーソン　代表取締役　山下譲二

私と篠原会長（当時は社長）とは約三十年以上の付き合いを続けて現在に至りました。私の方が先に生まれた先輩です。ある意味では兄貴、弟のような関係でもあります。

私が大学教授のような技術屋（コンクリート中心に多数の特許を保持）タイプなら…篠原会長（以後はいつも呼んでいるシノ）は経営全般に対する幅広いタイプです。

技術屋タイプというのは、深い知識は十分持っているが、その技術主体で色々な意味では狭いタイプなのかもしれない…当社は独自性の強い特許製品を持っているので経営ができているのではないかと思っています。

シノは特殊技術はないが（今回のゆるキャラ製品は別）会社経営に必要とされる約束を厳守するのに必要な製造管理（工夫、応用）、従業員との信頼関係、取引先との信頼関係、金融機関との信頼関係…つまり、全般的な信頼関係の大切さを十分理解して幅広く考えられるタイプだと思います。

当社（メーソン）は、製造工場は持っていないので全てシノの所を中心にして製造依頼しているのが現状です。
私とシノとは、お互いの立場で遠慮のない対応をした上で相互を理解して協力、助け合いながら三十年以上の付き合いができていると思います（信頼関係）
簡単にシノについてまとめると…

①約束は経営の基本だと言って絶対に厳守する。この考えは息子達、従業員にも統率されている。
②説得力は抜群である
・自分の経験、体験を嫌味にならないように考えながら…相手の立場（洞察力）も理解して理路整然と組み立てるが単に機械的にならない、会話だけでなく人間味も含めて対応できる。

そんなシノが今回のゆるキャラ活動を始めたと聞いて驚きました。
・なぜなら商売にならない活動だからです。

・私なら会社の利益に繋がらない事など絶対にやらないからです。私だけでなく他の人達もやらないと思います…利益の出ない事などやらないのは商売人の常識だからです。利益が出ないという根拠は…私はコンクリートに関する知識や技術は人並み以上だと思っています。人口一万人前後の明和町や板倉町を例に挙げて説明すると…明和町のゆるキャラメイちゃん（台付一・八メートル）原形型枠製造費用は約二百万円（開発費用除く）前後はかかります。この原形型枠をつくらないと、ゆるキャラメイちゃんの製造はできません。

人口一万人に満たない明和町で何体売れると思いますか…？

更にメイちゃんは明和町以外では必要とされないと考えるのは当然です…

原形型枠製作費用を含めて（多く売れば型枠費の負担は減少）メイちゃんの価格設定を一体いくらにするつもりかはわかりませんが…私は正直にいって一体も売れないのではないかと思っています…一体も売れなかった場合開発費等を含めたら多大な損失になるのも当然です。あえて、商売として私が考えるなら人口一万人の地域のゆるキャラをつくるより人口百万人の地域のゆるキャラを開発、製造した方が商売になると考えるのは当然です。開発型枠製造費は人口数に関係なくほぼ同額だと思うからです。このゆるキャラの話を聞いて「シノ、ボケてしまったのか？頭は大丈夫なのか？」と正直いって心配になってしまいました。大会社ならともかくシノの経営する会社の規模では大きな負担になってしまうと思います。そんな無益な活動をする前にうちの製造製品の価格を下げてほしいとお願いします（笑）。

「人が忘れかけているかもしれない…心の大切さ」を取り戻す機会に現実活動を通してチャレンジするというテーマの本のようですが…何かそのあたりにシノの考えがあるのかもしれませんが…

私は「シノ、ボケるのはまだ早すぎるぞ」と声をかけて…どんな本ができるのか…心配しながらも心待ちにするしかありません。

御礼状

株式会社メーソン代表取締役山下譲二様からの感想とアドバイスに御礼と感謝の気持ち

山下社長は、現在の世の中で私が一番尊敬している人です…人としても、経営者としても師と仰いでいる人です。

今回の感想とアドバイスについても何度も拝読させていただき感激しました。やっぱり私にとって尊敬する師に事前に相談しなくて良かったのかなとも思っています。活動を始める前に相談していたら今回の山下社長の感想とアドバイス通りだと思いますので今回の活動はしていなかっただろう。と現在の私自身が思っているからです。山下社長の言う通り「シノ！少しボケてしまったのか…？」会社の経営危機とかになったら世間の人達はおもしろ、おかしく会長があんな活動なんかやっているからだと言われることも分かっているつもりです。すべて損得だけを考えて行動する事が…今の世の中では正しい道なのかも知れません…山下社長の言う通り、少しボケかかっている自分にはその正しい道を選ぶ能力もなくなってきてしまったのかもしれません…山下社長に指摘されたようにボケているからできた活動だったのかもしれません…

山下社長との三十数年間のお付き合いの中で…ボケて初めて見せる事のできる篠原幹男という男の一面なのかもしれません…

今回の正直な感想とアドバイスのように、今後共、叱りつけられながら…笑われながらでも結構ですので御指導、御鞭撻をいただけます事を心からお願い申し上げます。

今回の正直な感想とアドバイスに厚く御礼申し上げます…有難うございました。

（追）ボケても見捨てないで、今まで通り愚弟シノと呼んでいただけることもお願いします（笑）。

愚弟　シノより

⑧丸三証券株式会社　館林支店長　今泉文男

「館林の活性化に、ぽんちゃんを活用するのが良いと思う」

2016 年 8 月、私は館林市のゆるきゃら“ぽんちゃん”の普及活動をしている一人の男性と面会していた。私が館林支店長として赴任後、引継ぎの挨拶で訪れた先での事だ。

その男性は篠原幹男様。篠コングループ代表取締役会長だ。

「ゆるきゃらの普及を通じて、行政と住民が一体化できれば良いと思う。」

「草の根的な活動が、水溜りに一石を投じて広がる波紋のように、人々の心に伝えたいと思っている。」

「活動を通して、人が忘れかけた心を取り戻すきっかけになってくれれば良いと思っている。」

繰り返し語られる会長の言葉が、当初やや引き気味であった私を、知らず知らずのうちに前のめりにさせていった。「暑い、暑い、とは聞いていたが、館林は気候だけではなく、人も熱いのか!?」と心の中で呟《つぶや》きながら。

そして、「無料プレゼント製の型枠一つ作るのに、最低でも 50 万円前後の経費を要するが、この活動を継続している。」との見返りを求めない奉仕の心に、私自身の行動のヒントを得たのだ。

話は変わるが、私は館林支店長に赴任する前、本社で IR 業務に従事していた。IR とは、一言で言うと企業の PR であるが、お客様、株主様、投資家、従業員などを含めた全てのステークホルダーの関心を引き寄せなければならない。そして、昨今のステークホルダーの関心事の一つに、当該企業の“社会貢献度”がある。そんな業務に従事していた私が、会長の私利私欲のない活動を知り、地域社会へ関わり方や奉仕の心を見出したのだ。

新任支店長として、「如何にお客様を含めた地域の皆様に関わり、奉仕させて頂ければ良いのか。」と思案に暮れていた私にとって、会長の考え方は、まさに“渡りに船”だった。会長宅を訪れた数十分後には、「ぜひ！ぽんちゃんを当社の店先に置かせて欲しい。」と懇願していた自分がいた。

そして今、私どもの店先には優しく微笑む“ぽんちゃん”がいる。館林駅から市役所に向かう人通りの多い道路沿いに店舗を構えさせて頂いていることから、店の前は様々な方々がお通りになる。

先日も通りすがりのとある親子が、私どもの店先で足を止め、こんな会話をしていた。

「ママー、見て！ぽんちゃんだよ！」

「本当だ。ぽんちゃんだね。可愛いね。」

「ウン。ぽんちゃん可愛い！！」と。

ぽんちゃんを店先に置かせて頂いてから、私どもの店先で歩を止める方々が多くなった。そのような光景を垣間見るたびに、ぽんちゃんとの出会いを与えてくださった篠原会長に感謝の念が湧き上がる。

これからも支店社員一同、地域の皆様方への奉仕の気持ちを忘れずに日々の業務に励んで参りたい。

館林市のゆるきゃら“ぽんちゃん”とともに。

2018 年 5 月吉日

丸三証券株式会社　館林支店長

今泉　文男

（追記）

館林市役所の職員の方が『ぽんちゃん設置の御礼』と称し、わざわざ当社にお越し頂いた事がある。「館林の活性化とアピール活動に大きな役割を果たして頂いております。ありがとうございます。」と。びっくりした私は、「１件１件御礼に廻っていらっしゃるのですか？」と尋ねると、担当職員で手分けして廻っているとの事だった。

地域社会と行政の一体化や信頼関係に繋がるこの行動にとても感嘆したことに加え、私からも、市役所の方がわざわざお越し頂いた事に対する御礼をこの場を借りて申し上げさせて頂きたい。

可愛い

御礼状

丸三証券館林支店長今泉文男様からの感想とアドバイスに御礼と感謝の気持ち

さすが今泉支店長という内容の文面に感動と感謝の気持ちで一杯です。

この活動の現在までの経緯について心の部分まで含めて、適切に見事に文章にまとめられていて私はもとよりゆるキャラぽんちゃんも笑顔で拍手をしてくれていると思います。

現在の社会では、大会社といっても本社サイドの対応は地域の支店など軽く考えていると思います。そんな中で地域のゆるキャラ設置から今回の感想文とアドバイスを書くことにしても全て本社サイドの許可が必要だと思います。

丸三証券はどうかはわかりませんが、一般的には格好ばかりつけて支店の声など受け入れない会社が大部分だと思います。受け入れるどころか、ケチをつけられるのが本社と支店の関係だと思います。つまり、責任の部分は多く与え、権限は与えないのも本社と支店の関係には多いと思います。

現在の社会でも未だ証券会社はギャンブル会社と思っている人も多いと思います…そんな中で丸三証券は私達の活動を多少でも理解してくれているのかと嬉しく感じています…ぜひその部分でのイメージアップにつながってもらえたら幸いです。それでも正直に言って支店にゆるキャラを設置する許可をもらう事や今回の感想とアドバイスを本に記載する許可をもらう事は大変だった事も理解しているつもりです。そんな対応をしてくれた今泉支店長や担当者には心より感謝し御礼申し上げます。

ありがとうございました。

⑨館林信用金庫　理事長　早川　茂

館林信用金庫　理事長 早川 茂

今般、篠原コンクリート工業の会長である篠原幹男さんが、長年に渡り熱意をもって取り組んでこられた「心の大切さ」を根幹とする青少年教育と、地域貢献活動の集大成ともいえる書籍の執筆に取り組んでおられると聞き、その完成を待ち遠しく思っております。

篠原会長と当金庫は金融取引を通じての数十年来のお付き合いであり、会長のスピード感にあふれた営業展開、全国的にもその先駆者とも言える浸透式コンクリート「ポーラス」を始めとしたコンクリート製品の研究開発、そして何より企業トップでありながら、従業員の皆さんと寄り添い、その高いモチベーションの源となっている人心掌握術には、いつも感服をいたしておりました。

そんな中、篠原会長から、固くて重くて冷たいイメージの強いコンクリートを使って、会長が常日頃から最も大事にしておられる「心の大切さ」を具現化するような製品を作ってみたいとのお話を聞いた時には、是非とも、その製品の第一号は当金庫に置いていただきたいとお願いしたものでした。

しばらくして、篠原会長より「試作品ができたので見に来ないか」とのお誘いがあり、館林市のマスコットである「ぽんちゃん」を模したコンクリート像を見たときには「これは本当にコンクリートでできているのですか」と、何度も会長に確認するほどの驚きでした。固くて冷たいコンクリートが丸みを帯びて温かみにあふれる「ぽんちゃん」に変身した姿は、まさに会長がおっしゃっていた当初のコンセプトを見事に具現化したものだと感銘を受けたものです。

ほどなく、会長は約束通りにその第一号のキャラクター像を当金庫南支店に提供してくださいました。子供たちを中心に来店したお客様からも好評であり、現在は館林市内外の各店舗に配置をさせていただいております。

最近は館林市役所を始めとした各所に、篠原会長の提唱する「心の活性化、地域の活性化」の名のもとに、会長が心血を注いで制作されたこのキャラクター像が増えていくのを目にする度に、篠原会長が何より大事にされている「心の大切さ」が地域全体に浸透していくようで大変うれしく感じております。

当金庫は今後も篠原会長の「心と地域の活性化」の活動を可能な限り応援させていただきたいと考えております。

末筆になりますが、バイタリティに溢れ、繁忙を極める篠原会長におかれましては、今後もお身体をご自愛のうえ、「心の大切さ」を地域に伝える活動を末永く続けていただけるようお祈り申し上げております。

御礼状

館林信用金庫理事長早川茂様の感想とアドバイスに御礼と感謝の気持ち

先日、平成三十年五月二十四日にはお忙しい中にもかかわらず私達のために貴重な時間をつくっていただき…本発行に対する御願いを理事長自ら聞いていただけました事大変ありがとうございました。

また、私達のこの活動を当初から理解していただき…活動の一番はじめにゆるキャラぽんちゃんを南支店、西支店に設置させていただけました事にも感謝の気持ちで一杯です。

活動の最初に館林信用金庫様に設置させていただけた事が現在までの活動の継続につながっている要因だと深く感謝しています。そして更には明和支店（メイちゃん、ぽんちゃん）板倉支店（いたくらん、ぽんちゃん）と設置していただき地域の活性化や地域のアピール活動にも貢献していると思います。また、五月二十四日には、本発行に対する設置写真の記載許可やこの様な素晴らしい内容のある感想とアドバイスもいただき心から御礼申し上げます。

活動に対して不安になる部分も、この感想で励まされた気持ちになりました。

今後共、色々な面で御指導、御鞭撻等心からお願い申し上げます。
本当にありがとうございました。

⑩公務員　薗部賢二

本発行に改めて「心の大切さ」を思い出す

公務員　薗部賢司

著者である篠原幹男さんと出会ったのは、私が小学４年生の頃、地域の子供たちの健全育成のため少年野球の監督としてチームを結成されたときのことでした。

篠原監督の指導を受けて以来、その魅力に取り憑かれ、私の「野球の原点」はここでした。これまで幾つものチームに所属した私の野球人生で未だ「監督」と呼んでいるのはこのかただけでもあります。

当時、少年野球であろうと暴力・暴言は当たり前の時代でしたが、篠原監督は、そうではありませんでした。ただ監督のもと仲間と野球ができることが楽しみで、私たちは練習を“努力”と感じていませんでした。個々の技術、能力、性格に合わせた指導で、「○○ができてない」「××がダメだ」のように否定ではなく、「ゴロの捕球が上手い」「走塁のセンスがある」など常に肯定的な言葉を選びながら声をかけていただいたのは、子供ながら印象的でした。また、技術や勝敗だけに拘ることなく、礼儀、責任、自主、協調、更には勉強など普段の生活面でもチェックシートを作って選手全員に記録させるなどは、単なる野球ではなく「野球道」。私の人格形成にも大きな影響を与えた一人であることに違いありません。時には作文を提出させ卒団時に、これまでの思いや保護者の感想などを文集として全員に配布されました。

先日、自宅の引き出しの奥から三十数年ぶりに、この文集が出てきたところ、中学一年の息子が興味深そうに読み始めました。「この監督は、お父さんと同じようなことを言ってるね。」私も改めて監督の書かれた文章を読み返すと、昨年まで少年野球チームを指導していた自分自身と重なりました。指導方法や意見の違いで悩み、研修会へ参加し指導者資格を取ったこと、子供たちの言葉に励まされ、選手全員を我が子のように愛し、仕事の忙しさや疲れを見せず無償の労を・・・。いつの間にか篠原監督の情熱の一部が、私にも伝承できたのかとうれしく思いました。

今も篠原さんにその情熱は衰えることなく、こうして地域のオリジナルキャラクターを活用して、小さな活動から行政を動かし、また企業の得意分野で協力して地域を活性化しようとする純粋な気持ちを綴った本書は、必ず多くの人の心に響くものと確信しています。それは、スポーツを通じて「心の大切さ」を私たちに指導していたあの少年野球時代と変わらず、正に「球道即人道」（＝野球を学ぶことは人生を学ぶこと。普段がいい加減だと、野球のプレーも雑になってしまう。）

お互いを理解し理想を追い求めなければ、明るい未来へは一歩も近づくことはできないのです。改めて「心の大切さ」を思い出させる一冊でした。

御礼状

薗部賢司様からの感想とアドバイスに御礼と感謝の気持ち

私はスポーツ少年団を通して子供達と心と体を通したふれあい活動を始めた頃…この子供達が二十～三十年後、大人にならないと、この活動がよかったのか…悪かったのか…分からないと思って取り組んでいました。

・賢司がお世辞半分に言ってくれたことかもしれませんが…「私が今あるのは、あの活動と篠原監督のおかげです。今までの人生の中であの頃が一番楽しかったです」と言ってもらえてとても嬉しかったです。

・今でも半年に一度は訪ねて来てくれて近況等の話をしてもらえるのがすごく嬉しいです。

・その賢司が現在子供達と心と体を通した活動（指導者として）をしているという事もとても嬉しく感じています。

・つい最近では、自分で作ったメロンを「監督、食べて下さい」と持って来てくれた事にも感謝しています…とても美味しかったです。

・今回の感想文にも賢司の純真さと温かい義理人情の豊かさを感じ嬉しく思っていま

す。

・残り少ない余生だと思いますが、時々、近況報告に来て下さい。今後共宜しくお願いします。

☆小学六年生　薗部賢司君☆

いつもありがとう

⑪衆議院議員　長谷川嘉一　様

此度、篠原さんの長年に渡る活動とその思いを綴られた御著書の出版にあたり、心よりお祝いを申し上げます。

小学校の教師として人生のスタートを切り、熱い思いで、子供さんやその親御さんと交わった若き日の思い。

そして、その思いをさらに昇華し発展させるために、事業家の道に進まれ、その5年後には、スポーツを通して無償の活動として、子供たちの指導に心血を注いで来られてきた、その生き様がこの中に凝縮されております。

また、3人のご子息に事業を承継されつつ、共に今日まで歩んで来られた社員の皆様の理解と支援を得て、篠原さんのその思いは、世の中や政治の現状を危惧されるところにまで至っております。それを、多くの人々に伝え、世の中の流れをまっとうな方向へと正していきたいとの強い思いが、今回の出版となって結実したものと思われます。

私も国政の場で政治活動に専念している現在、その思いに共感し、大きな勇気と力を与えて頂きました。

篠原さんとお目にかかって、まだ日は浅いのですが、そのお話を伺いながら長年の同志と交わっている思いが致しました。

この本の出版をひとつの節目として、篠原さんをはじめ、ご関係の皆様がさらなるご発展をされますことをお祈り申し上げまして、ご祝辞とさせて頂きます。

衆議院議員
長谷川嘉一

平成三十年七月七日

篠原コンクリート工業株式会社
会長　篠原　幹男　様

2 現政権は大企業等の支持力を持っているかもしれませんが．．．それは有権者の10％～20％くらいだと思いませんか．．．？

① 現状の社員は大企業のトップに指示されたからといって．．．素直に従わない時代になっているとは思いませんか．．．？

② 現在の有権者大多数の人達は誰が政治家になっても、大して変わらないと思っているのでは．．．？

③ つまり、政権を取りたいだけの考え、行動では②の様になるし．．．現政権を上回る事もできないし、国民の評価も上がらないのでは．．．？

3 政権を取りたいだけの考え方や行動だけでなく、国や国民を最優先に考えた私利私欲のない活動が政権に結び付く事もあるかも知れないのでは．．．？

① 今日明日の事ばかり考えた行動では口先ばかりと思われても．．．？

② 例えば、月一回でも地域の子供達や父兄の事を最優先に考えた心と心、体と体を通したふれあい活動などを継続的に実行してみるのも．．．？

③ ②の場合でも私利私欲ばかり優先的に考えた活動は逆にマイナスになると思う．．．？

◇ などと長谷川先生の前で肩書きも知名度も全然ない私が言ってしまいました。その後の先生の対応を考えると．．．明らかに大暴言だったと心より深く御詫びします。先生の心の豊かさや人として、政治家としての度量の大きさにも感銘しています。

◇ 私達は、政治家や行政側の人達と違って大した役割や責任があると思っていませんので．．．私利私欲のない気持ちが原点の活動なので．．．微力な私達にできる所まで精一杯頑張れたら「いいや」という安易な気持ちを持っているかもしれない私達に長谷川先生からの文章は過大に誉め過ぎている部分が多く、とても恥ずかしく、心苦しく、恐縮させられながら自己反省もしていますので、数々の暴言等について御詫びさせてほしいと思います。

今後共、御指導、御鞭撻を心よりお願い申し上げます。
本当にありがとうございました。

シノコングループ
篠原幹男

平成30年7月12日

衆議院議員　長谷川嘉一様

前略

今回の西日本豪雨被害には長谷川先生同様に辛い、切ない気持ちで一杯です。

その事等を含めて超多忙の中で先生からの素晴らしい内容の感想とアドバイスをいただき、心より厚く御礼申し上げます．．．多彩な面から温かい御配慮ありがとうございました。

私と長谷川先生とは今まで一度も面識もありませんでした。

この本文(P.86～87)に記載した通り平成 30 年 1 月 18 日に長谷川先生が上毛新聞の折り込みに「皆様の声を国政に」を私が拝見して長谷川先生の事務所に投稿をさせていただきました。

この本文にも記載した通り．．．きちんとした礼文を送付してくれたのは長谷川先生だけでした。

初心を忘れかけているかもしれない政治家の多い中で、この様な心のある政治家も未だいたのかなぁと、とても嬉しく思いました。

更に驚いた事に、その長谷川先生から篠原さん達のやっている活動について、もっと詳しく知りたいので、一度お会いして話を聞かせていただけませんか、と先生自ら連絡をいただき平成 30 年 6 月 24 日(日)午前 11:00 に当社まで訪問していただきました。

長谷川先生と秘書の方と館林市議会議員渡辺様と 3 人で訪ねてくれました。私達もこの活動の中心的役割をしてくれている 6 人で面会をさせていただきました。その時に、この活動の本をまとめ執筆中ですと話すと．．．長谷川先生も感想とアドバイスを記載してくれると言ってくれて．．．この感想とアドバイスをいただきました。先生は「7 月 9 日までに書いて届けます」と私に約束してくれました。それは予期せぬ西日本豪雨の前の事でした．．．この西日本豪雨被害等で、国会議員としての役割を含めて超多忙な時期だったと思います。そんな状況下の中で先生は名もない私との約束を厳守して 7 月 8 日に届けてくれました．．．

その様に政治家としても人間的にも素晴らしい先生に私は(6 月 24 日)次の様な失礼なことを言ってしまいました

1　立憲民主党は今日明日にでも政権を奪い取りたいという考えが主体になっているのでは．．．？

①　実績、政治的実力等では明らかに現政権より劣っているのでは．．．？

②　世界的外交術では、明らかに現総理は日本ではトップだと思えませんか．．．？
国内では諸問題の多い現総理かも知れませんが．．．？

③　今日明日にでも政権を取りたい事が最優先になっているから．．．何でも反対行動ばかりしていると思われていませんか．．．？

第十章

「人が忘れかけているかも知れない…心の大切さ」を取り戻す活動を理解して一緒に活動してくれている三人の息子（会社）達の考え

①環境ポラコン株式会社　代表取締役　篠原宜志（三男＝三十五歳）

親が子供を誉めすぎたら、親馬鹿と言われるのですか…？　逆に子供が親を誉め過ぎたら子馬鹿といわれるのですか…？　それなら私も次男（督人）同様、子馬鹿に間違いありません。生真面目で、正統派的だけの親父なら、私もここまで魅力は感じてはいなかったと思います。

悪い事も良い事もどちらの気持ちになっても対応できる父。

何かあっても必ず相手の立場を優先して考える父。

俺は、君達よりも悪い事もしたと思う。君達より劣る点も多いと思う。でも、人がつまらないという事でも真剣に悩み、苦しみながら学んできたことも多いという父。善し悪しを含み、その経験豊富な父が「人が忘れかけているかもしれない…心の大切さ」を取り戻す活動について人間的に経験不足な私も次のように考えています。

地域の活性化（自己の活性化について）

地方創生の推進は、行政や金融機関等が率先してやるべき事だと考えていました。しかし、大きな組織の中で掛け声を上げても実行する事は、大変な事なのかと思います。そこで当社は、収益を度外視して地域の活性化に役立てる事はないかと考え、各地域の「ご当地キャラクター」に目を向け、その活用を考えてみました。

上記の試みに対し、地元館林市の企業数社様に相談したところ、この運動にご賛同いただき、当社が制作した館林市のキャラクター「ぽんちゃん」のオリジナル製品を各企業様が自費で展示してくれました。

その結果、多くの方から賛同の投稿文や、励ましのお言葉をかけていただき大変感謝しております。

この「ご当地キャラクター」を活用した地域活性化の輪は隣接する板倉町（いたくら

ん）・明和町（メイちゃん）にと少しずつ広がり始め、地域活性化の意図を多くの方々に理解していただけたらと願っております。

一部地域の行政側にも次のような活動が見受けられます。

①T市では、イメージキャラクター「ぽんちゃん」を設置、展示していただいている企業や個人に対し、お礼の気持ちを兼ねて挨拶回りを始めました。

②I町では、子供達に「いたくらん」の、のぼり旗にキャッチフレーズを募集してそののぼり旗を小中学校や町役場に設置されている「いたくらん」に立てています。

③I町は、役場で作成（作成機、技術有り）した「いたくらん」ののぼり旗を設置企業に無料でプレゼントしています。

④M町商工会では、「メイちゃん」を町内スーパーのM町物産販売コーナーに展示して販売活動に役立てています。

以上のような行政、住民、企業の一体活動は相互の信頼関係の構築や郷土愛の育成、地域の活性化の推進等にも役割を果たしていると思います。

その地域のイメージキャラクターを活用する活動は、その地域にしか出来ない活動でもあります。

その地域にしか出来ない活動が人々の笑顔につながり、地域の活性化（自己の活性化）や地域のアピール活動、人の心も含めた地方創生の推進に少しでも役立てていただけたら幸いです。

偉そうなことを書きましたが、私も中学時代にいじめにあいました。いじめたのは頭脳的に優れた別のクラスの人で部活の部長先生まで陥れる程の能力の持ち主でした。いじめの内容は、友達全員が誰も私とは話してはいけない事や、あいつは臭い奴だと言って誰も相手にしてくれない事などで、精神的にも学校に行く事が嫌になりました。へたに先生に相談などできないのが陰湿ないじめの現実なのです。たとえ相談したとしても「無理して学校にこなくてもいい」とか…「保健室で過ごしていればいい」くらいが先生の対応だと思います。

父は偶然の出来事からこのいじめの事を知り、嫌がる私と色々話し合った結果、「以前そのグループで他の人にイジワルをしていた事があるかもしれない」と話すと父は「宜志、勇気を出して対応してくれないか…」といって「辛くて、嫌なのは十分、分かるけど明日みんなに『僕も悪かった、ごめん』と謝って欲しい」と言われました。私はとても嫌でした…でも私も父の言っている事も多少理解できました…私のこの時の気持ちは、言葉では言い表せないものでした。父と約束した登校日には、登校したくない気持ちから頭痛が起きて、登校できないと母に話しましたが…母も父と約束した事だけしたら帰ってきてもいいからと言われ学校まで送られました。辛い気持ちで教室に入ってクラス全員の前で「僕も悪かったです。ごめん」とだけ言いました…その結果は想像できない事でした。クラスの女子から「いじめられているのを知っていて、私も何もしてやれなくてごめん」という声があちこちからあがりました…男子からも「ごめん、宜志」という声が私にかけられました。その日から普通の友達関係に戻り、昨日まで悩み苦しんだ事が嘘のような気持ちでした。

現在もいじめは絶えていないのが現実だと思います。この私のいじめという一つの体験からも「人が忘れかけているかもしれない…心の大切さ」を思い出す活動は、私も色々な意味で大切だと考えて取り組んでいきたいと思います。

②篠原コンクリート工業株式会社　代表取締役　篠原督人（次男＝四十一歳）

私は会長である父をこの世の中で一番尊敬しています。父は、小学校、中学校とガキ大将だったと父の親友の丸山弁護士から聞いていました…長男（幹幸）の結婚式の祝辞の中で丸山弁護士は「俺の親友、つまり君の父はガキ大将でも悪ガキ大将ではなかった。みんなを良い方向に導くガキ大将だった」と表現していました。父は酒、たばこもやりません。人との付き合いも嫌いで夜の世界にもほとんど遊びに行かない男でした。だからといって、真面目一辺倒の男でもありませんでした。私は、父に一度だけ叱られ、殴られた事がありました。それは、私が中学生の時、遊び半分の気持ちでたばこを吸った時でした…私を殴りながら、父の目には涙が一杯に溢れていました。今考えると、父の私に対する愛情の涙だったと思います。父は子供達三人にこんな事も言っていました。

「俺は三人に俺の仕事にかかわって欲しくない…在学中にある程度の国家資格を取って多少でもゆとりのある仕事について欲しいと思う」と常に言っていました…その父の期待を裏切って、三人の兄弟は父の関連している会社で御世話になるしか能力のない三人でした。また、父はこうも言っていました。「子供達三人を含めてダメな親戚の子供達がいたらその人達の働き場所をつくる事が出来たらいいと思う」とも言っていました。そのダメな子供達と一緒に仕事ができる事は、父にとっては残念な部分と嬉しい部分のどちらもあると思います…父が少しでも、子供達と一緒に仕事ができて嬉しい、良かったと思えるように私達も協力して頑張りたいと思います。その事だけでも充分素晴らしい父だと思っているのに…「人が忘れかけているかもしれない…心の大切さ」を取り戻す活動の発想や、発想だけでなく、現実に実現している事には父以上に男として、人間としての魅力や尊敬を感じずにはいられません。はじめは思いつきだけの発想だろう、とも思いました…普段の私は、そんな事には興味など一切持たない自己主義的な現代人だと思っていました。そんな私が、父と江森さんの活動に自然に吸いこまれ理解して、凄い活動だと思い始めるようになりました。現在の悪化の一途をたどる世の中にこんな活動など理解されるはずがないと思っていましたが、父と江森さんは現実活動としてひとつ、またひとつと活動を実現していく二人に心を打たれてしまいました。父と江森さんも高齢なのに、この前向きな情熱とパワーには頭が下がり、若い自分達が恥ずかしく感じてしまいました…現況に無関心すぎる自分達でした。でも、自分の子供達の将来の事を考えたら、二人の活動は絶対に必要な事だと考えて、二人の活動を心から理解して、少しでも手助けができたらと考えて活動に参加しています。

そして、丸山弁護士が父の事を「ガキ大将でも悪ガキ大将ではない」と表現した意味も理解できたような気持ちです。

そして、父と一緒に少年時代に活動したスポーツ少年団の時の事を私の友人達が「あの頃が一番楽しかった」と言っている事からも父を理解し尊敬できると思います。その父がスポーツ少年団の活動をしている頃「君達が二十～三十年後に大人になった時に、あの頃の活動が一番楽しかった、と思い出してくれたらうれしい」と言っていた事も思い出しました。

父を誉め過ぎるのは子供として軽蔑される行為だと思いますが、私は、軽蔑されても父としてだけではなく、男として、人としてもこの世の中で一番尊敬している事に恥ずかしさなど少しも感じていません。

親として、子供達が成長して、はやく親を追い抜いてほしいと考えるのも当然なのかもしれません。でも、本当に子供達の成長を願うなら…「簡単には追い抜かれない親父でありたい。親と子供がお互いに『切磋琢磨』する事により、子供達が更に成長してくれる事を親として望んでいる」とも言っていました。

私も父の健在のうちに父の考えている内容で父を越え、安心感と満足感を感じさせてやる事ができるように、今後も頑張りたいと思いますので宜しく御願い致します。

・涙を流しながら、僕を叱ってくれた父
・笑いながら、僕を誉めてくれた父
・真面目な顔をして、僕を理解してくれた父
・はやく子供達に追い抜かれたいと思いながらも、切磋琢磨してくれる父
・言葉はなくても、色々な事を教え、理解させてくれる父
・この活動もそのひとつかもしれないと思う私

③株式会社　遊々空間　代表取締役　篠原幹幸（長男＝四十三歳）

私には、父や活動に関して述べる資格などないかもしれないほど、愚かな自分だったと思います。今になって冷静に考えると父は、私の少年時代から中学、高校、大学時代そして現在まで最高の父だと思います。

学生時代に「遊んでもいいが、何かひとつでも国家資格を取っておけよ」とアドバイスされても眼中になどありませんでした。大学を卒業して他で働く場所もなく、父の関連する会社で働くようになっても、正統性とか何も考えず父に逆らっているばかりでした。結婚して、自分の子供が生まれてからも逆らってばかりでした。父から何度も親子の縁を切りたいともいわれていました。今、考えるとどうしようもない自分でした…最近になってようやく父として、男として、経営者として凄い人だと理解できるようになりました。おそらく、父なしでは人間としても経営者としても生活すらできない人生の落伍者になっていたと思います。

父はそんな馬鹿な私にこんな表現をします。

次男（督人）三男（宜志）と話すと一言いうと五〜十くらい理解してしまうので話し

ていて面白くも、楽しくもないと表現します。幹幸はひとつ言ってもそのひとつすらまともに理解しないで、変な理解をするから…説得方法が難しく、自分の勉強にもなるし、とても面白く、楽しい話し合いができると表現してくれます。馬鹿にされているとは思いつつも、嬉しい気分にもなります。そんな父から先日、この活動について六つのチャレンジについて明確にまとめて欲しいと課題を出され次のようにまとめてみました。

◇六つのチャレンジ◇

1　地域のゆるキャラを活用して地域の活性化にアピールしよう
2　地域のゆるキャラを活用して地域のアピール活動にチャレンジしよう
3　自己の活性化や組織の活性化にチャレンジしよう
4　地域のゆるキャラを活用して郷土愛や団結心の育成、人と人との交流、心と心のふれあいを通して人が忘れているかもしれない…心の大切さを取り戻せる機会にチャレンジしよう
5　地域のゆるキャラを活用して人の在り方、行政の在り方などもう一度考える機会に

チャレンジしよう

6　地域のゆるキャラを活用して子供達のためにも、よりよい地域づくりにチャレンジしよう

その結果、父から次のような言葉をいただきました。

・この活動を理解していなければまとめられない素晴らしい内容だと思う。

・簡単、明確にまとめられていると思う。

・ただ、読んだ人の気持ちや理解力はわからないので色々な声や反応に更なる対応は常に考え、検討する事も大切だと思う。

そんな父の活動は自分の子供達の事を考えても十分理解できると思っていますが…全て私利私欲のない考えは、現在の自分には難しい事です。会社の経営者としても家族の長としても利益なしではやっていけないからです。勿論、そんな私の立場など父は十分理解してくれていると思います。父からの「初心忘れるべからず…常に自浄能力の大切さを忘れない事」というアドバイスを大切に頑張りたいと思います。

地域の
イメージキャラクターの活用にあたり

あなたの地域のイメージキャラクターを活用して、人と人との交流、心と心のふれあいを通して、『人が忘れかけているかも知れない・・・心の大切さ』を取り戻せる機会がつくれたらと考えています。

6つのチャレンジ

1. 地域のゆるキャラを活用して地域の活性化にチャレンジしよう。
2. 地域のゆるキャラを活用して地域のアピール活動にチャレンジしよう。
3. 自己の活性化や組織の活性化にチャレンジしよう。
4. 地域のゆるキャラを活用して郷土愛や団結心の育成、人と人との交流、心と心のふれあいを通して人が忘れかけているかも知れない・・・心の大切さを取り戻せる機会にチャレンジしよう。
5. 地域のゆるキャラを活用して人の在り方行政の在り方など、もう一度考える機会にチャレンジしよう。
6. 地域のゆるキャラを活用して子供たちの為にも、より良い地域づくりにチャレンジしよう。

☆イメージキャラクターのぼり旗スタンド☆　なかよしキャラクター

★「イメージキャラクターのぼり旗スタンド」に関する説明とお願い★

・原則的に製品の販売は控えていますので、社名PR・製品販売PRは目的としておりません。

・この「イメージキャラクターのぼり旗スタンド」は、製造方法に各種の特許権申請がなされており、設置方法についても当社のオリジナル技術が使用されております。

☆受台とゆるキャラ像の接合方法に関しても、安全性を考慮したオリジナル技術が使用されています。

☆受台とゆるキャラ像は組立式です。設置場所を移動の際は、製品を破壊することなく移動する事が可能です。
但し、大型の製品に関しては、クレーン等が必要になる場合も有ります。

・当社のゆるキャラは、原型型製作の際に幸福の御祈願を致しております。手や頭に触れていただいた方に幸福が訪れます様に願って作製されております。また、一体一体が手作により製作されています。製品個々の微妙な違いにより、大量生産では味わえない温もりを感じられる製品になっています。

・この「イメージキャラクターのぼり旗スタンド」は、各種のぼり旗の使用が可能ですが、天候の悪化に伴う強風の際は、ご使用を避けられますようお願い致します。

・各地域のキャラクター製造や、キャラクターの活用方法等については御相談等お受けいたします。

★配送・設置にあたってのお願い★

・選考により設置していただく「イメージキャラクターのぼり旗スタンド」は、現地での設置写真を撮影させて頂きます。

・撮影させて頂いた写真は、当社ホームページに掲載される場合が有りますがご了承下さい。

・この活動は、笑顔のある地域づくりを目的としております。設置者様には宜しくご理解いただきますようお願い申し上げます。

問い合せ先　環境ポラコン株式会社　TEL0276-72-1730
URL　http://www.kankyouporacon.com

おわりに…

私は、現実の社会を考えると不安になります。

不安になっても、余生も少ない自分だけなら仕方ないと思います。不安になる原因をつくってきたのは、先に生まれた自分達だから…

しかし自分の子供達を含めて、若い人達の事を考えると更に不安になってきます、孫達の事を考えると更に不安は募る一方になってしまいます。

年齢的に体力も衰え、頭もボケはじめ余生の少なくなった微力な私にできる活動はないだろうかと考え、地域のゆるキャラを活用して「人が忘れかけているかもしれない…心の大切さ」を取り戻す機会ができたらと考えて活動に取り組んでみたいと考え、実行しています。

「人が忘れかけているかもしれない…心の大切さ」は誰よりも自分自身にあてはまる事

でもあると考えてこのキャッチフレーズも考えました。

自分は熱い心の持ち主でもあると思いますが…冷酷な心も持っていると思います。大胆不敵な部分もありますが、繊細で弱々しい部分も持っていると思います。つまりは、現在の年齢になっても年齢に応じた成長度はないと思っています。

そんなどっちつかずの私にも忘れることのできない感激の思い出があります。小学校四年生の頃の出来事でした…この事は忘れる事のできない思い出でもあります。

母にねだり、魚を取る、さで網を買ってもらいました。近くの谷田川に一人でさで網を持って魚を取りに行きました。今では信じられない事ですが当時は川に入って遊ぶ事など当たり前の時代でした。谷田川の川幅は一五メートル～二〇メートル、深さは約一メートルの多少の流れのある川でした。

（さで網）

さで網は三角形の形をした網で、手で網を持って、川に沈め、足で草むらを揺らして魚を網に追い込む漁獲方法でした。私は川に入り大きな魚を取りたい一心で何度も何度もその作業を繰り返していました。その時、何かの拍子にさで網が手から離れ、川の中に沈んでしまいました…その辺りを足の感触を頼りに必死な気持ちで探しました。十分、二十分と探しましたが見つかりませんでした。見つからない事に、せがんで買ってもらった母の顔も浮かびました。目には涙がこぼれていたと思います。

川からあがり、土手の上で泣いていました。日も暮れる時間だったと思います。その時「幹男、どうしたんだ?」と声をかけてくれた人がいました。近所の人で「かじやのあにい」と呼ばれている人でした。私も顔見知りの人でした。当時、自分より十歳くらい年上の人で一寸と不良っぽい人で、容姿は高倉健に似ている男前の人でした。実名は木村正一(故人)でした。泣きながらさで網を失くした事を話しました。かじやのあにいは、自転車を止めて「幹男、あんちゃんが探してやるから泣くな」と信じられない言葉が返ってきました。その時、私は絶対に見つからないと思っていました…それでも探してやると言ってくれたあにいの言葉に、正直言ってびっくりしました。

二人は川の中に入り、足だけを頼りに探しました。十分、二十分と時間は経過して日も暮れかかっている時、あにいから「幹男、あったぞ、あったぞ」と大きな声がかかりました。あにいは川に潜ってさで網を取り出しました。広いグラウンドで米粒一粒を探し出すくらい困難な事だったと今でも思っています。そんな状況を理解しながら「探してやる」と言ったかじやのあにいの気持ちは、その後も私は忘れる事などできません…自分だったら、こんな状況に遭ってもかじやのあにいのような対応など絶対できなかったし、できないどころか…知らんぷりをしていたかもしれないと思います。

もし、あの時さで網が見つからなかったとしてもかじやのあにいに対する感謝の気持ちは変わらなかったと思います。

私にとっては、他界するまで、いや他界しても忘れる事のできない感動の思い出です。そのかじやのあにいとのひとつの出来事が現在のこの活動の大きな要因だと思います。私は、スポーツ少年団での子供達との心と体を通したふれ合い活動を通じて、子供達から色々な事を学びました…その後、スポーツ少年団の指導者を指導する立場になり群馬県内の地域で指導者の人達を指導する活動をしていました…その指導教室の最後に必ず少年時代の「かじやのあにい」との出来事を話しました。

つい最近、スポーツ少年団時代に活動していたKさん（四十二歳）が訪ねてきて「監督、私が現在あるのは監督のおかげです。あの頃の事が一番楽しかった思い出です。」と言ってくれました。彼は現在公務員です。毎年一、二度、手紙であの頃の活動について親子で感謝の気持ちを伝えてくれるのは現在四十一歳（高校教師）のOさんです。その他の人達からもあの頃が一番楽しかったと言われています。

正直にいって、私は会社の経営などより青少年に対する考え方の方が得意な分野だと自分では思っています。その要因は、

①根は純粋である事
②短期間ですが、教員として子供達にふれあえた事
③見返りや恩着せなど一切考えてはいけない、無償での子供達とのふれあい活動を経験

した事（本当の意味での教育愛）

④いつ、つぶれるかも分からない真剣勝負の零細企業の設立から経営をした事

などが要因だと思います。

いつ、潰れるかもしれない零細企業の経営は常に真剣に必死で取り組まなければならないし、経営の一部分だけ理解するだけでも駄目で、一部分だけ優れていても駄目で経営に必要な仕事の受注状況、納期、進行状況、仕入れ状況、従業員との信頼関係、資金繰りなど全て把握していなければ零細企業の経営は難しいと思います。だから、零細企業の経営者が世の中については一番敏感だと思います。良いか悪いかは別にして、こういう真剣に取り組んでいる声を大切にして欲しい。逆に公務員などは、やってもやらなくてもある程度は国に守られていると思います。大学教授などの人は、一部の知識は秀れていると思いますが、零細企業の経営者のように全体を見る力はないし、全体を見る必要もないと思います。大会社の経営者は部下も秀れているし、従業員も多いので全体を詳細に見る必要はないと思います。そこで私が三人の子供達に言った「国家資格を取っておいて欲しい」と

いう事はその事に該当するのです…

最後に、子供達や一緒に働く仲間達に感謝の気持ちで一杯です。もしかしたら教員生活を続けていた方が自分にはあっていたかな、とも思っています…

こういう活動をしていると誤解されがちですが私は、政治家を夢見た事は過去に一度もありません。今後共、年代にかかわらずそういう気持ちは一切ないことを誓います。

この本は、今の世の中には必要な本だと思いますが、おそらく売れない本だと思っています。

多少でも本の売れた場合は、全て社会に還元させていただくことも約束させていただきます。

余生は少ないと思いますが、読者の方からの御指導、御鞭撻等、遠慮ない御意見が頂けたら幸いですので宜しくお願い申し上げます。

ド素人同然の私が書いた本を読んでいただいた皆さんには心から御礼をいたします。

有難うございました…

この本に記載するための皆さんからの承諾書への御礼

私は正直に言って承諾してくれる人は半分いてくれたらいいと思っていました。

その結果はほぼ九九％以上の確率で「全て任せる」という回答をいただき驚きながらも心より深く感謝の気持ちで一杯です。

「この活動には全面的に理解して応援はしますが事情があり本の記載だけは控えさせて下さい」という方が一名でした。

全て任せるという回答に「人が忘れかけているかもしれない…心の大切さ」という気持ちを多くの皆様が持ってくれているかもしれないと思うと、とても嬉しく、勇気づけられた気持ちになりました。

この承諾書の件については、行政の立場のある人にも説明して理解をいただき、大切に考えてほしいとお願いもさせていただきました。
皆様の温かい御支援に厚く御礼申し上げます。

主要参考文献

『直実』　文芸社　一九九九年十一月一日

著者略歴

篠原　幹男（しのはら・みきお）

昭和21年群馬県邑楽郡生まれ

小学校教員を経験後、聖職意識ゼロに等しいサラリーマン的教育姿勢に嫌気を感じながら、無償のふれあい活動が教育の原点ではないかと考え、いつの日か地域の子供達と無償のふれあい活動ができる事を胸に秘め教員を退職。その後、自営業に転身、現在３社の会長職。会社設立６年後、教員時代の夢であった地域の子供達と心と体を通した無償のふれあい活動を５年間経験。私利私欲のない、一切の見返りを求めない活動こそが「人が忘れかけているかもしれない…心の大切さ」を取り戻せる唯一の活動と考え現在の活動に取り組んでいます。

著書に『直実』…ある日突然おとずれた二十一歳青春の終わり（文芸社）

人が忘れかけているかも知れない…
「心の大切さ」を取り戻す機会にチャレンジ
地域のゆるキャラを活用した…現実活動を通して

発　行　2018年10月11日

著　者　篠原　幹男

発行所　上毛新聞社事業局出版部
〒3701-8666　群馬県前橋市古市町1-50-21
TEL 027-254-9966

©Mikio Shinohara 2018